ALBERT COLLIGNON
PROFESSEUR A L'UNIVERSITÉ DE NANCY

Pétrone en France

PARIS

ALBERT FONTEMOING, ÉDITEUR
4, RUE LE GOFF, 4

1905

PÉTRONE EN FRANCE

ALBERT COLLIGNON
PROFESSEUR A L'UNIVERSITÉ DE NANCY

Pétrone en France

PARIS

ALBERT FONTEMOING, ÉDITEUR

4, RUE LE GOFF, 4

—

1905

AVANT-PROPOS

On sait que des lambeaux seulement du *Satiricon*[1] sont parvenus jusqu'à nous. Peu d'ouvrages furent plus mutilés par le temps. Il n'en est guère non plus dont l'origine et le caractère aient prêté à autant de controverses. Quant au texte même des fragments conservés, c'est à peine si, après des siècles d'efforts, la critique arrive aujourd'hui à le fixer.

Ces difficultés déjà si grandes, des mystificateurs se sont plu encore à les compliquer, soit par l'addition de morceaux apocryphes, soit par la propagation d'erreurs volontaires.

On n'entreprend pas d'écrire ici, d'une manière détaillée, l'histoire des tribulations du *Satiricon*, depuis l'antiquité jusqu'aux temps mo-

---

1. On conserve ici le titre le plus usité du roman de Pétrone. M. Buecheler et d'autres l'intitulent : *Satiræ*, d'après plusieurs manuscrits.

dernes. Sur ce sujet, l'essentiel a été dit par M. Buecheler (préface de l'édition de 1862)[1], par Pétrequin (*Nouvelles recherches historiques et littéraires sur Pétrone et le Satyricon*)[2] et par C. Beck, en ce qui concerne les manuscrits[3].

C'est la fortune de Pétrone en France que l'on se propose principalement d'étudier dans le présent essai. On y insiste surtout sur les travaux dont le *Satiricon* a été l'objet chez nous et on y passe en revue les jugements que nos critiques ont portés sur cette œuvre. On cherche aussi à y déterminer l'influence que, soit directement, soit par l'intermédiaire des traducteurs, il a pu exercer sur nos écrivains, et à en relever les imitations dans notre littérature.

L'influence de Pétrone en France existe, quoique le plus souvent discrète et latente, parce que beaucoup n'ont pas osé avouer franchement leur goût pour un auteur plein d'esprit, mais

1. Berlin, Weidmann.
2. Paris, J.-B. Baillière. — Lyon, Méra et Mégret, 1869.
3. *The Manuscripts of the Satyricon of Petronius Arbiter described and collated* by Charles Beck, Cambridge Mass. U. S. Printed at the Riverside Press. 1863, in-fol. 218 p.

très libre en ses peintures, *auctor purissimæ impuritatis,* comme disait Juste Lipse. Ils craignaient de paraître avouer en même temps de mauvaises mœurs et de s'exposer aux anathèmes de ceux qui vouaient au feu et Pétrone et son livre : « ... Ut Petronius Arbiter in suo *Satyrico :* qui in eodem cum suo auctore rogo flagrare debuit, non alia luce dignior[1]. »

Aussi, en mettant à part les savants et les philologues, dont la devise est : *Nihil obscœnum eruditis,* on constate que la plupart de ceux qui ont parlé du *Satiricon* ne l'ont fait qu'en s'entourant des précautions oratoires les plus circonspectes. Plusieurs de ses éditeurs ou traducteurs ont tu leur nom ou pris le masque du pseudonyme ; d'autres ont interrompu leur travail ou même supprimé ce qui en avait paru.

Il s'est rencontré cependant, dès le xvi⁰ siècle et surtout au xvii⁰, nombre d'esprits indépendants qui n'ont pas caché leur admiration pour

---

1. Masenius (le P. Masen, jésuite, 1606-1681). *Palæstra Styli Romani,* p. m. 85, c. fin. Cologne, 1659. Cette citation se trouve sur la feuille de garde d'un exemplaire de Pétrone appartenant à la Bibliothèque municipale de Nancy.

Pétrone et, à mesure que nous avancerons vers les temps modernes, nous le verrons chez nous de plus en plus cité, lu et apprécié. En ces dernières années même, son nom, familier déjà aux érudits et aux lettrés, devient presque populaire, grâce au vif succès qu'obtient la traduction française de *Quo Vadis?*

Nous allons donc suivre le destin de Pétrone en France, depuis l'édition *princeps* (1482) jusqu'à nos jours.

Mais il va de soi qu'on ne saurait, sans danger pour la netteté et l'enchaînement de l'exposition, isoler de l'ensemble des études et recherches sur Pétrone l'histoire de sa fortune en France. — Aussi, après une *Introduction* sur le sort de son livre dans l'antiquité et au Moyen Age, trouvera-t-on ici des notions sommaires mais précises sur les manuscrits, les éditions et les commentaires du *Satiricon*. Tous les travaux d'une réelle valeur relatifs à Pétrone sont mentionnés à la date de leur apparition, qu'ils aient été publiés en France ou à l'étranger.

Nous avons pu, chemin faisant, corriger quel-

PÉTRONE EN FRANCE

INTRODUCTION

PÉTRONE DANS L'ANTIQUITÉ ET AU MOYEN AGE

Chez les écrivains anciens, on ne peut relever que de bien rares mentions du nom de Pétrone.

Si on l'identifie, comme il est d'usage de le faire, avec le *Petronius... elegantiæ arbiter*, dont parle Tacite, Pline l'Ancien (*Nat. hist.*, XXXVIII, 2, 20) doit être considéré comme le premier auteur qui nous parle de lui. Vient ensuite Tacite (*Annales*, XVI, 17, 18, 19), auquel il faut joindre Plutarque, qui a nommé ce même Pétrone (*De l'adulateur et de l'ami*, 27), mais en lui donnant un prénom différent, Titus. Voici maintenant par ordre de date les auteurs anciens qui ont cité Pétrone ou l'ont simplement nommé. Ce sont pour la plupart des grammairiens, des scoliastes ou des compilateurs.

Au II° siècle, Terentianus Maurus[1] ; au IV°,
Marius Victorinus[2], Diomède[3], Servius[4], saint
Jérôme[5] ; au V° siècle, Macrobe[6], Marius Mer-
cator[7], Pompée[8], Lactantius Placidus[9], Pris-
cien[10], Sidoine Apollinaire[11] ; au VI° siècle, Boèce[12],
Fulgentius Planciades[13], Joannes Lydus[14] ; au VII°,
le pseudo-Acron[15], Isidore de Séville[16]. Pétrone

---

1. *De Metris*, v. 2489, 2853. Keil, *Grammatici latini*, t. VI, p. 399
et 409.

2. *Artis grammaticæ* l. III. 17. Keil, t. VI, p. 198 et 153.

3. *Artis grammaticæ* l. III, Keil, t. I, p. 518.

4. *In artem Donati.* Keil, t. IV, p. 432. — Ad Vergilii Æn., III,
57 ; XII, 159.

5. *Epistula ad Demetriadem*, CXXX, 10, p. 995, éd. Vallarsi.

6. *In Somnium Scipionis*, I, 2, 8.

7. *Liber subnotationum in verba Juliani.* — Migne, *Patrol.*, t. 48
p. 128 et 132.

8. *Commentum artis Donati.* Keil, t. V, p. 107.

9. *Scolia in Thebaidem*, t. III, au vers 661 :
Primus in orbe deos fecit timor.

10. *Institutiones*, VIII, 16, p. 381, et XI, 29, p. 567 ; éd. M. Hertz,
t. 2.

11. *Carmen*, IX. v. 267, et XXIII, p. 253. Apollin. Sid., éd. Luetjohann. — *Monum. Germ. hist. Auctores antiqui*, t. VIII. (Berlin,
Weidmann, 1887.)

12. *In Porphyrium a Victorino translatum*, fin du dialogue II, p.
43, éd. de Bâle.

13. *Mythologicon*, I, p. 13, 17, 24 ; II, 46, 57 ; III, 73, 74. — *Vir-
giliana continentia*, p. 99. — *Sermones antiqui*, 122, 123, 125, 126,
éd. Helm, (Leipzig, Teubner, 1898.)

14. *De magistratibus*, I, 41.

15. Ad Horatii *epod.* V, 48.

16. *Origines*, V. 26, 7.

est encore nommé par le grammairien anonyme auteur du *De dubiis nominibus* [1].

A peine rencontre-t-on chez quelques-uns de ces écrivains des traces d'une imitation directe de Pétrone. M. Luetjohann a noté quelques réminiscences du *Satiricon* dans Sidoine Apollinaire [2]. M. Lersch en a trouvé une ou deux dans Fulgentius Planciades, qui nous a fourni plusieurs citations de Pétrone, mais le plus souvent altérées [3]. On en peut voir une encore dans cette phrase d'Isidore de Séville (*Origin.*, XIX, 23) : « Circumcidunt Judæi præputia, pertundunt aures Arabes, Gallis candida cutis. » Cf. Pétrone, ch. 102.

Il est permis d'autre part de croire qu'Apulée, qui ne nomme Pétrone nulle part, s'est cependant souvenu du *Satiricon* en composant son *Ane d'or* et a emprunté à son devancier quelques expressions, peut-être même quelques situations [4].

---

1. P. 578, 23. Keil, t. V.

2 *Op. cit.*, p. 356, 365, 391, 396, 413.

3. L. Lersch, *Fabius Planciades Fulgentius de abstrusis sermonibus.* Bonn, König, 1844. (Cf. p. 29.) — C'est de Fulgence et non du *Satiricon* même que plusieurs compilateurs du Moyen Age ont tiré des citations de Pétrone. Telles sont celles qu'on trouve dans le *Mythographus Vaticanus* III, (Mai, class. auct. t. III, p. 248, 261), et dans le *Glossarium Osberni* (Mai, *ibid.*, t. VIII, 627).

4. M. Hirschfeld (Petronius und Lucianus. *Rhein. Mus. f. Philol.*, n. f., 1896. Bd 51, t. III, p. 470-471) croit à une réminiscence du

Les rapprochements que nous avons ailleurs éta-
blis entre les deux auteurs[1] semblent, dans une
certaine mesure, autoriser cette hypothèse, émise
également par M. Segebade[2]. « Petronius, § 115,
3 : *fugere voluistis. Sed non impune. Jam enim
faxo sciatis*, etc. Hunc locum Apuleius videtur
in mente habuisse, cum in *Metam.*, I, 25, scri-
bat : *sed non impune. Jam enim faxo scias*, etc. »

N'y aurait-il pas aussi un souvenir du nom de
Giton, un des héros du *Satiricon*, dans ce nom de
Polyggiton, donné par Ausone à la victime d'une
de ses épigrammes : *Ad scabiosum Polyggitonem?*
(Ép. CVI).

M. Ihm a retrouvé quelques traces de l'imitation de Pétrone dans les *Invectives contre Vi-
rius Nicomachus Flavianus*, poème de 122 vers
composé par un chrétien vers la fin du IVe siècle.
(Cf. *Rheinisches Museum*, t. 52, 1897. *Zu latei-
nischen Dichtern*, p. 210.)

Satiricon, ch. 37 et 76, dans un passage du traité de Lucien : *Comment il faut écrire l'histoire*, ch. 20. Mais, pour admettre un souvenir de Trimalchion en ces quelques lignes où il est question d'un
esclave enrichi se comportant mal dans un festin, il faudrait trouver chez Lucien des traits autrement caractéristiques.

1. V. notre *Étude sur Pétrone*. Paris, Hachette, 1892, p. 388.

2. *Observationes grammaticæ et criticæ in Petronium. Dissertationes philologicæ Halenses*, 1880, p. 327.

Enfin, on peut rapprocher des vers de Pétrone sur la cigogne[1] le passage suivant de Cassiodore (480-575 environ) à Symmaque [Ép. XIV, l. 2, p. 28, t. I, éd. du P. Garet (1679)] : « Ciconia redeuntis anni jugiter nuntiatrix, ejiciens tristitiam hiemis, lætitiam verni temporis introducens, magnum pietatis tradit exemplum. »

Cf. Pétrone, c. 55 :

> Ciconia etiam, grata, peregrina, hospita,
> Pietaticultrix.....
> Avis exsul hiemis, titulus tepidi temporis...

Julien, évêque de Tolède de 680 à 690 (Hagen, *Anecdot. Helvet.*, p. ccxxxiv), cite le vers 5, ch. 14, du *Satiricon* :

> ...Judicium nihil est nisi publica merces.

A partir du viie siècle, le nom de Pétrone s'éclipse de plus en plus et ce n'est qu'exceptionnellement, de distance en distance, qu'on saisit un souvenir ou une imitation de son œuvre.

De très bonne heure, d'ailleurs, le *Satiricon* fut exploité par des anthologies; des extraits faits peut-être dès la fin du ive siècle se substi-

---

1. Chap. 55.

tuèrent assez vite à l'original. On admet qu'au VII° siècle l'ouvrage complet était déjà perdu et qu'il ne subsistait plus que les *Excerpta* que nous possédons[1]. Il est certain que Jean de Salisbury, au XII° siècle, et Vincent de Beauvais, au XIII°, dans leurs citations, nous donnent Pétrone sous sa forme actuelle[2].

Le plus ancien des manuscrits du *Satiricon*[3] qui nous sont parvenus paraît avoir été le manuscrit d'Auxerre (*Altissiodurensis*), aujourd'hui de Berne[4] (*Bernensis*), du X° siècle, contenant divers glossaires et des extraits de Salluste, de Nonius Marcellus, etc. Dans le monastère d'où

1. Ce sont des extraits des livres XV et XVI du *Satiricon*. M. Le Coultre, *Notes sur Pétrone* (Mélanges Boissier, Fontemoing, 1903, p. 325), suppose que les vingt-six premiers chapitres de nos *Excerpta* devaient appartenir au livre XIV, le repas de Trimalchion au XV° et le reste au XVI°.

2. Cf. F. Buecheler. *Préface* de l'édition de 1862, p. XI, et E. Thomas, *Pétrone*, p. 194, chap. III, *Notre texte de Pétrone*.

3. Pour la description détaillée des manuscrits, l'ouvrage capital à consulter est celui, déjà cité, de Beck : *The manuscripts of the Satyricon of Petronius Arbiter*. M. Frantz Buecheler (préface de l'édition de 1862) a indiqué la valeur de chacun d'eux au point de vue de la constitution du texte.

On trouve dans la *Paléographie des classiques latins* de M. Chatelain (Hachette), t. II, la reproduction en photogravure d'une page de chacun des quatre principaux manuscrits, avec une notice sommaire.

4. Bibliothèque de la ville, n° 357. Écriture de la fin du IX° siècle, volume de 42 feuillets. Pierre Pithou s'en est servi pour son édition de 1577.

est originaire ce manuscrit, on lisait et on citait au IXe siècle le poème de la *Guerre civile*[1]. La preuve nous en est donnée par le poème d'Heiric, moine d'Auxerre, sur la vie de saint Germain l'Auxerrois[2]. Ce poème est dédié à Charles le Chauve et a été composé vers l'an 876.

Heiric a transcrit, en y introduisant un petit nombre de changements, les premiers vers du *De bello civili* de Pétrone :

L. I, ch. I, p. 226, col. D :

Orbem tunc totum victor Romanus habebat,
Qua mare, qua tellus, qua cardo invergit uterque ;
Si quod in orbe fretum, si quis sinus abditus usquam,
Si quod clima foret phœbeæ lampadis expers,
Si qua fuit regio, fulvum quæ gigneret aurum,
Nil nisi Romani, etc.

Il y a encore des réminiscences probables du *De bello civili*, v. 31 et suivants, dans ces vers du livre II, ch. I, p. 232, col. A :

Pransuro quondam regali prædia luxu
Orbibus antiquis dapium diversa ferebant ;

---

1. Cf. F. Buecheler, éd. de 1862, *Préface*. p. XI.
2. *Acta Sanctorum Julii*, t. VII. (Venetiis, 1749, p. 221, sq.) *Sancti Germani vita*, auctore S. Herico monacho, a stilo Constantii soluto ad ligatum revocata; ex vetustissimo ms. Loblensi, collato cum perantiquo codice Lugdunensi et ms. Belfortiano.

Nec modus impensæ; nec edendi copia simplex;
Villa, nata domi; non magna, domestica quæque;
Arte potita magis, duroque labore sequentûm
Empta placent : quodque est ima tellure ferarum,
Quod cœlo voluerum, pelagique per abdita nantûm,
Principia infrænes conducebantur ad usus,
Non mandante fame, at varium latura saporem, etc.

M. Buecheler relève quelques autres rapprochements.

Heiric, L. V, ch. 2, v. 191 :

> Hinc subit aerias meritis sublimior Alpes,
> Limes hic Ausonias Gallis disterminat oris.

Cf. Pétrone, *De bello civili*, v. 144-145 :

> Alpibus aeriis, ubi Graio nomine pulsæ
> Descendunt rupes et se patiuntur adiri.

Heiric, L. V, ch. 2, v. 192 :

> Quod non fida tumens caperet vestigia gurges.

Cf. Pétrone, *De bello civili*, v. 193 :

> Tum vero male fida prius vestigia lusit
> Decepitque pedes.

Enfin, le mot *septifluus*, employé par Heiric dans la préface du livre III, semble emprunté au vocabulaire de Pétrone, ch. 133, v. 4 :

> . . . . .Quem Lydus adorat
> Septifluus [1].....

---

1. Dans son édition de 1882, M. Buecheler a adopté une autre leçon : *semperflavius*.

Après Heiric, Pétrone est cité, mais inexactement, par le théologien Eugenius Vulgarius (887-928).

Pétr., ch. 46. Ceterum jam Græculis calcem impingit.

Eug. Vulg. Jam alumna creperam Græculis calcem impingere novit. Il ajoute : « Creperam vel dubiam unde crepusculum[1]. »

M. Buecheler, qui nous fournit cette citation (*op. cit.*, p. 31), juge que la phrase est plus digne de Fulgentius Planciades que de Pétrone.

Il faut arriver au xii⁰ siècle pour trouver de nouveaux manuscrits de Pétrone : le *Codex Messaniensis*, le *Parisinus*, Bibl. nationale, Lat., 8049[2], et le *Parisinus Mazarinæus*[3], qui ne contiennent chacun qu'une faible partie des extraits.

Parmi les auteurs qui en ce xii⁰ siècle ont lu et cité Pétrone, il faut placer au premier rang

---

1. Selon M. Paul de Winterfeld (*Hermes*, t. 33, 1898, p. 606 sq.), Eugenius Vulgarius fait cette citation d'après le grammairien Flavius Caper (contemporain de Trajan), dont il transcrit un passage *de differentia calcis.*

2. Volume de 45 feuillets — ancien *Colbertinus* — contient Perse, la fin du livre II de Cicéron *de Divinatione*, et immédiatement après : Petronii satirarum liber explicit.

3. Bibliothèque Mazarine, n° 1260, 8° : contenant : 1. Boetii Mathematica; 2. Brunonis Episcopi Commentaria in Genesin et Exodum; 3. Senecæ libri de causis ; 4. Petronii Matrona Ephesiana. Selon Beck (p. 12), ce manuscrit serait du xiii⁰, peut-être même du xiv⁰ siècle.

Jean de Salisbury, évêque de Chartres (1120 à 1180). Il paraît même avoir connu le fragment contenant le festin de Trimalchion, dont nous ne possédons qu'un manuscrit retrouvé à Trau au XVII° siècle. Car les lignes suivantes font allusion à un épisode qui ne se lit que dans le manuscrit de Trau (ch. 40) : « Cœnam Trimalchionis, si potes, ingredere, et porcum sic gravidari posse miraberis, nisi forte admirationem multiplex, ignota et inaudita luxuria tollat. » (*Policraticus sive de nugis curialium*, liv. VIII, chap. 7).

D'ordinaire, Jean de Salisbury ne se contente pas de reproduire le texte de Pétrone, mais y interpole des gloses ou le modifie à sa manière. Ce procédé est sensible dans l'anecdote du Verre métallisé (*ibid.*, liv. IV, 5), rapportée aussi par Isidore de Séville (*Origines*, XVI, 16, 6).

De Pétrone, Jean de Salisbury a également extrait le conte de la *Matrone d'Éphèse* (*ibid.*, liv. VIII, ch. 11) et, là encore, a paraphrasé de temps en temps son auteur.

D'autres mentions ou citations de Pétrone se rencontrent au livre III du *Policraticus*, ch. 7 : « Hoc ipsum Arbiter noster ingemiscit, etsi alterius videatur induisse personam. » Suivent les huit vers du chapitre 80 du *Satiricon* :

Nomen amicitiæ sic, quatenus expedit, hæret...

cités ailleurs par Jean, sans nom d'auteur (VIII, 3), et auxquels font allusion ces autres passages du livre III du *Policraticus*, ch. 8 : « Fere totus mundus ex Arbitri nostri sententia mimum videtur implere » — et : « Non duco contentionis funem, dum constet inter nos quod fere totus mundus juxta Petronium exerceat histrionem (autre leçon : *histrioniam*). »

Nous négligeons d'autres citations de Pétrone faites par Jean de Salisbury[1]. On en compte d'assez nombreuses chez Vincent de Beauvais (fin du xiiᵉ siècle, mort vers 1264). « De quodam libro, nous dit-il, partim metrico partim prosaico pauca hæc moralia quæ sequuntur excerpta notavi, sq. — Petronius. » (*Speculum historiale*, XXI, 25.) [V. ces citations dans Buecheler, éd. de 1862. Préf., p. xxxiii. | Cf. M. Manitius, *Bei-*

---

1. La Porte du Theil (Manuscrit, t. II, p. 190) admet avec Barth (*Adversar.*, L. XXII, ch. 18), que, dans le vers suivant, Hildebert, archevêque de Tours au xiiᵉ siècle, imite aussi Pétrone : Jam torpet rabies, jam detumet unda minarum. *Passio Agnetis*, cap. IX, col. 1253, éd. de 1708. (Cf. Pétrone, ch. 17.)

träge zur Geschichte röm. Dichter im Mittelalter (Philologus, LVI, 1897, p. 537), qui note encore plusieurs rapprochements.

Ce vers de la *Philippide* de Guillaume Le Breton (XIIIᵉ siècle), II, 44 : « Judice fortuna bellum committere vellet », semble une réminiscence de Pétrone, ch. 122, v. 174.

Johann von Victring cite les vers 1, 2, 9, 10 du ch. 137, « juxta Petronianos versiculos » (Böhmer, *Fontes rer. Germ.*, I, p. 284).

Nous voyons encore au XIIIᵉ siècle Conrad de Mure, chanoine et préchantre de l'église de Zurich, comprendre Pétrone dans une énumération d'écrivains.

Plus abondantes sont les citations de Pétrone que contient le *Florilegium Parisinum*, qui appartenait autrefois à Notre-Dame de Paris (Bibl. nat. — *Codex Nostradamensis*, 188, du XIIIᵉ siècle.) Elles suivent, mais non pas d'une manière tout à fait rigoureuse, l'ordre des chapitres dans les extraits. (V. Buecheler, *op. cit.*, p. XXVII à XXXII.)

Au Moyen Age pareillement, mais à une époque difficile à déterminer, appartient la citation de Pétrone sur les souffrances du maître d'école faite par un certain Theodoricus[1]. Elle se trouve dans un commentaire sur la *Rhétorique* de Cicéron. (V. Mélanges Graux, 1884, p. 41, article de M. Paul Thomas.)

Fol. 1, 2°, col. a, l. 1 et suivantes :

Ut ait Petronius, nos magistri in scollis soli relinquemur nisi multos palpemus et insidias auribus fecerimus. Ego vero non ita.....

Ce qui suit, évidemment, n'est plus de Pétrone.

C'est aussi au Moyen Age que se rapportent les gloses de Saint-Denis, où a puisé Pierre Daniel[2]. Ces gloses paraissent n'être que des extraits d'un recueil plus considérable, datant d'une époque où l'on possédait encore des fragments assez étendus de Pétrone, sinon le *Satiricon* au complet.

Quant au glossaire intitulé : *De antiquis dictionibus*, que l'on croit avoir été composé un peu après l'époque d'Isidore de Séville, c'est contre toute vraisemblance qu'on l'a parfois attribué à

---

1. En 1880, Ellis (*Journ. of Philol.*) avait signalé déjà, sous le titre de *Petronianum*, une citation analogue, d'après un manuscrit de la bibliothèque Philipps.

2. V. Petri Danieli notæ, p. 297 de l'éd. de Pétrone publiée par Paul Frellon. Lyon, 1618.

Pétrone, sans doute parce qu'il était sur un même manuscrit que le *Satiricon*.[1] (V. Ch. Beck, *Petronius Arbiter de antiquis dictionibus*. Memoirs of the American Academy of art. and scienc., new series, vol. VIII; Cambridge [Massachusetts], 1860.)

Au XIVᵉ et au XVᵉ siècle appartiennent les manuscrits suivants : le *codex Parisinus*, Bibl. nat., Lat., 6842. D, 8°, (que certains font même remonter au XIIIᵉ siècle et qui contient aussi *Palladius de agricultura* et un fragment *de differentiis sermonum*), le *Leidensis*, qui fut établi par Joseph Scaliger[2], le *Vaticanus*, le *Leidensis Vossianus*, qui appartint à Isaac Vossius, le *Florentinus Laurentianus*, le *Monacensis*, le *codex Guelferbytanus*, les *codices Vindobonenses*, enfin le précieux *codex Parisinus* (XVᵉ siècle), découvert vers 1650 par Marino Statileo à Trau en Dalmatie, et qui contient seul au complet le festin de Trimalchion. Ce manuscrit est

---

1. Il est probable que c'est de là qu'est extraite une citation donnée sous le nom de Pétrone par un autre glossaire. V. Buecheler, éd. de 1882, p. 111.

2. Scaliger s'était servi de quelques manuscrits que nous avons encore, comme le *Parisinus* 8049, et d'autres que nous avons perdus, en particulier celui de Cujas, qui fut utilisé par Jean de Tournes (Tornæsius).

à la Bibliothèque nationale, Latin., 7989[1]. C'est un volume de 119 feuillets contenant : 1, Tibulle; 2, Properce ; 3, Catulle ; 4, une héroïde d'Ovide, Saphos à Phaon ; puis, 5, p. 185, Petronii Arbitri satyrici fragmenta ex libro quintodecimo et sextodecimo; 6, Claudien, le poème du *Phénix*.

Au total, on connaît actuellement vingt et un manuscrits du *Satiricon*, distribués dans onze bibliothèques, cinq à la Bibliothèque nationale de Paris, un à la Bibliothèque Mazarine, quatre à la Bibliothèque de l'université de Leyde, deux à la Bibliothèque royale de Munich, deux à la Bibliothèque impériale de Vienne, un à la Bibliothèque royale de Dresde, un à la Bibliothèque de Berne, un à l'Ambrosienne de Milan, deux à la Laurentienne de Florence, un à la Bibliothèque du Vatican à Rome, un à la Bibliothèque du couvent des bénédictins de saint Placide, à Messine[2].

Plus d'un manuscrit de Pétrone s'est perdu parmi ceux qu'ont eus entre les mains les sa-

----

1. Il fut acquis en 1703 à Rome pour la Bibliothèque du roi de France, au prix de 133 livres. V. L. Delisle. *Cab. des manuscrits*, I, p. 321.

2. C. Beck, *op. cit.*, p. 1-2.

vants des xv° et xvi° siècles. On se demande ce que sont devenus celui qui fut découvert par le Pogge, celui que possédait de Thou dans sa riche bibliothèque, celui de Henri de Mesmes, etc. [1].

Quels sont, dans cette période, les écrivains qui ont lu Pétrone et s'en souviennent en leurs écrits ?

On trouve dans Jean de Montreuil (1354-1418) une citation du *Satiricon* :

Petronius. « Jam taceat qui ait Petronius : *irata virtus abditur.* Immo vero, Petroni, super candelabro posita est. » (Joannis de Monterolio Epistolæ selectæ LXXIV apud De Martène. Veterum scriptorum et monumentorum... amplissima collectio, Paris, Montalant, 1724, t. II, col. 1136, ep. XIV.)

Jean de Montreuil attribue à Afranius [2] des vers de Pétrone.

Aufranius. « Cur ita ? Quia, ut inquit Aufranius :

Scorta placent fractique enervi corpore gres-

---

sus, et laxi crines et tot nova nomina vestis quæque virum quærunt turba sepulta mero circumvenit. Est favor in precio senibusque libera virtus excidit omnibus una impendet clades arma cruor cædes incendia bella ante oculos volitant. » (*Ibid.*)

Cf. Pétr. 119, — v. 25-27, 42 sq.; 122, — v. 170 sq.; 123, — v. 215 sq.

Saint Antonin de Forciglioni, archevêque de Florence (1389-1459), cite Pétrone, si l'on en croit les *Prolegomena* de l'édition de Paul Frellon (1618), p. 10, mais paraît l'avoir confondu avec saint Pétrone, évêque de Bologne au v° siècle. Rappelons à ce propos l'étrange quiproquo dont fut victime le savant Henri Meibomius, de Lubeck (1638-1700). Ayant lu dans un itinéraire d'Italie : « *Petronius Bononiæ integer asservatur* », il crut qu'il s'agissait d'un manuscrit complet du *Satiricon*. Il fit le voyage d'Italie et apprit que l'on conservait dans la cathédrale de Bologne le corps de saint Pétrone[1]. Andrieux a fait de cette méprise le

---

1. Voir cette anecdote dans le *Menagiana* (éd. de 1715, t. I, p. 127), dans La Monnoye (Œuvres choisies, 1770, 8, p. 135), dans Voltaire (*Dictionnaire philosophique*, article : *Abus des mots*).

sujet d'un conte agréablement tourné, publié dans la *Décade philosophique*, an IX, 3ᵉ trimestre [1]. Il est juste d'ajouter que quelques écrivains du Moyen Age ont été réellement persuadés que l'auteur du *Satiricon* était le saint évêque de Bologne. (Beck, *The age of Petr. Arb.*)

Le cardinal Barthélemy Visconti (*Bartholomæus Vicecomes*), mort en 1457, citait dans son *Liber Defloratorum* des fragments de Pétrone, sous ce titre : *Petronii Arbitri Afranii Satyrici*, etc.

Jacques Legrand (*Jacobus Magnus*), dans son *Sophilogium*, publié en 1475, donne un certain nombre de passages de Pétrone. La préface de M. Buecheler (éd. de 1862, p. xxxiii et xxxiv) en contient l'énumération.

Le morceau du *Satiricon* qui a été le plus souvent imité par les écrivains du Moyen Age est le conte célèbre de la *Matrone d'Éphèse* (ch. 111 et 112) [2]. Il est reproduit avec plus ou

---

1. Nous reproduisons ce conte dans l'*Appendice I*, p. 179.

2. Selon Dacier (*Mémoires de l'Académie des Inscriptions et Belles-Lettres*, t. XLI, p. 523), le récit de Pétrone ne serait pas une simple fiction. L'histoire serait réellement arrivée. Phèdre (fable XV du deuxième appendice, *Mulier vidua et miles*) le rapporte comme un événement contemporain. (Cf. Léopold Hervieux, *Les Fabulistes latins*. Paris, Didot, 1884, t. I, p. 183.)

Quoi qu'il en soit, c'est une histoire qui remonte à la plus

moins de changements et de variantes chez les conteurs suivants[1] : Romulus, livre IV, fable IX, *Femina et miles*; l'anonyme de Nevelet, fable 48, *De milite et femina*; Marie de France, fable 33, *De la Fame qui fescit duel de son mari*, alias : *De l'Oume mort et de sa Moilier.* On le lit dans Ysopet I, fable 44, chez Eustache Deschamps : *Exemple contre ceulx qui se fient en amour de femmes*; dans le *Dolopathos* ou *Roman des sept sages de Rome*, chapitre XV : « Comme l'enfant fut saulvé par le moyen de Joachim, septiesme maistre, à l'exemple de la femme, laquelle rompit à son mary les dentz et le visage. » (L'auteur a emprunté à Pétrone quelques circonstances, mais en les rendant atroces.) On trouve aussi dans le *Ludus septem sapientium*, etc., « Zamolxis exemplum », un souvenir de ce conte, qui fait le sujet du fa-

----

haute antiquité, qu'on retrouve jusque dans l'Inde, où sans doute est son origine, jusqu'en Chine, et dans beaucoup d'autres pays. Sur la fortune de cette histoire, que Pétrone a très vraisemblablement empruntée aux contes Milésiens, voir la dissertation de M. E. Grisebach : *Die Wanderung der treulosen Wittwe durch die Weltliteratur.* 2ᵉ éd. Berlin, Lehmann, 1889.

1. Nous empruntons cette nomenclature à M. H. Regnier, *Les Grands Ecrivains de la France :* La Fontaine, t. VI. (Hachette, 1890.) *La Matrone d'Éphèse.*

bliau intitulé : *De celle qui se fit f..... sur la fosse de son mari* (Barbazan et Méon, t. III, p. 462, et Montaiglon, tome III, p. 118) et de plusieurs autres. (Voir Dacier, *Mémoires de l'Académie des Inscriptions*, t. XLI, p. 523 à 545 ; Legrand d'Aussy, tome III, p. 62 ; et Dinaux, *Trouvères de la Flandre*, tome II, p. 32-33 [1].)

Il faut remarquer que le conte de la *Matrone d'Éphèse* avait été détaché de bonne heure du *Satiricon* ; la version de Jean de Salisbury, entre autres, a pu servir de base aux diverses imitations que nous avons énumérées.

Nous voici parvenus à l'époque de la mise au jour, par l'imprimerie, des fragments du *Satiricon*. Désormais Pétrone ne va pas cesser d'être l'objet de commentaires, de recherches, de discussions érudites, de travaux de tout genre. C'est dans notre pays que nous allons, de préférence, suivre sa destinée.

---

1. Après la publication par l'imprimerie des fragments de Pétrone, le conte de la *Matrone d'Éphèse* continuera à être imité de préférence par les fabulistes. On le retrouve dans le *Matheolus* de Le Febvre de Thérouane, s. l. 1488, in-fol., l. II, fol. 15 ; dans l'*Ésope* de frère Julien Macho, des Augustins de Lyon, fable 49 ; chez Camerarius, fable 193, *Muliebris luctus.*

CHAPITRE Ier

PÉTRONE EN FRANCE
DE L'ÉDITION *PRINCEPS* (1482) A LA PUBLICATION DU FRAGMENT DE TRAU (1664).

L'édition *princeps* du *Satiricon* paraît bien être celle de Franciscus Puteolanus (de Pouzzoles), Milan, 1482, sans date ni indication de lieu, qui publie en même temps que Pétrone l'*Agricola* de Tacite et divers panégyriques, entre autres celui de Trajan par Pline le Jeune. Cette édition est dédiée à Jacques Antiquario, secrétaire ducal du Milanais [1].

Vient ensuite l'édition de 1499, Venise : *Petronii Satyrici fragmenta quæ exstant per Bernardinum de Vitalibus Venetum*, petit in-4°, que Burmann et Anton donnaient à tort comme l'édition *princeps*.

Pétrone est réimprimé en 1500 à Leipzig, chez Jacques Thanner, par les soins et avec les annotations d'Hermann Busch [2], qui, la même année, chez

---

1. Le manuscrit de La Porte du Theil (t. I, p. 520-535), contient une longue dissertation, où il établit que cette édition *princeps* est de 1482 et non de 1476, comme quelques-uns l'ont prétendu.

2. Burmann, *Préface* de l'édition de 1709.

le même imprimeur, publie à part le poëme de la
Guerre civile [1].

En 1520, Pétrone est publié pour la première fois
en France. Regnault-Chaudière, imprimeur, de-
meurant à Paris, rue Saint-Jacques, à l'enseigne de
l'*Homme sauvage*, reproduit l'édition de Venise. La
sienne est du format grand in-8°. Elle se compose de
19 feuillets non paginés, en tout 39 pages et demie.

Elle porte ce titre :

*Petronii Arbitri quatenus exstare comperitur satyræ
fragmentum, cujus vel hoc unum distichon quod ne-
mini doctiorum non est in ore, æstimationem indicat
et precium :*

Quisquis habet nummos, secura naviget aura,
Fortunamque suo temperet arbitrio.

Le livre se termine par ces mots : « Hæc ad exemplar quod unicum habuimus excusa sunt : quisque,
pro suo arbitrio et eruditione, quod sibi displicet res-
tituat. Parisiis, pridie cal. maias anno MDXX. »

Cette édition de Regnault-Chaudière reçut comme
une sorte de supplément en 1562, lorsqu'Adrien Junius, dit *le Jeune* (*der Junghe*), savant médecin hollandais et polygraphe fécond, né à Horn (1512-1575), y

---

1. Cf. dans l'édition de Frellon, Lyon, 1618, p. 253 : *Hermanni
Buschii Pasiphili Monasteriensis annotationes in Petronii Arbitri
Satyram de vitiis Romanorum. Recitatæ in Academia Lipsica et ex
ore ejus excerptæ a M. P. anno 1501.*

adapta des notes et des corrections qui sont reproduites dans l'édition de Frellon (Lyon, 1618, p. 257[1]).

Ces premières éditions sont, comme il était naturel de s'y attendre, très fautives et très incomplètes. « Le *Satiricon* ne s'y trouve qu'à l'état de fragments décousus... et aussi tronqués que possible[2]. »

Celui qui le premier introduisait dans le texte des améliorations importantes est J. Sambuc (*Sambucus*), médecin hongrois (1581-1584). Ayant découvert un manuscrit ancien qui a conservé son nom, il publia à Vienne, en 1564, une édition augmentée de fragments nouveaux[3]. Cette édition fut reproduite, en 1565, par Gifanius et imprimée à Anvers chez Christophe Plantin[4].

Il dit lui-même dans sa préface : « Cum vetusto meo codice diligenter contuli, loca praeter alios plus quam quinquaginta restitui. »

Huit années plus tard, les fragments de Pétrone

1. *Hadriani Junii Hornani medici cl. observationes in Petronii Arbitri Satyricon.*

2. *Pétroquin, op. cit.*, p. 166.

3. En cette même année 1564, Henri Estienne publie différents fragments en vers de Pétrone dans la collection qu'il donne sous ce titre : *Fragmenta Poetarum veterum Latinorum, quorum opera non extent.....* Anno MDLXIIII. Excudebat Henricus Stephanus, illustris viri Hulderici Fuggeri typographus, in-8°, 483 pages.

4. In-8° petit format. En voici le titre : *Petronii* || *Arbitri Massiliensis Satyrici* || *fragmenta restituta et aucta* || ex Bibliotheca Johannis Sambuci : *Antverpiae* || Ex officina Christophori Plantini.

s'accrurent encore. En 1573, Joseph Scaliger publia le recueil connu sous le titre général de *Catalecta*, où, indépendamment des fragments en vers qui se rencontraient dans les éditions déjà connues, il en a inséré 23 autres.

Un nouveau progrès s'accomplit en 1575 avec l'édition de l'imprimeur lyonnais Jean de Tournes (*Tornaesius*). Le texte y a été établi en particulier à l'aide de deux manuscrits, dont l'un appartenait à Cujas, l'autre à Daléchamps, médecin de Lyon. On trouve dans cette édition un heureux choix de variantes. En voici le titre :

Petronii Arbitri Satyricon, Lugduni apud Joan. Tornaesium typog. regium. 1575, in-8° de 120 pages.

Les frères Pithou devaient enrichir encore le texte du *Satiricon* d'additions importantes, en s'aidant de courts extraits du manuscrit d'Auxerre et de celui que Buecheler nomme *Bituricus* parce qu'il avait appartenu à Jean, duc de Berry, et surtout de deux manuscrits plus complets, que Buecheler désigne sous le nom de *Tolosanus* et de *vetus Pithoei* (vetus Benedictinum exemplar).

Ce dernier manuscrit, aujourd'hui perdu ainsi que le *Tolosanus*, avait été trouvé, dit-on, parmi les bagages tombés au pouvoir de Mathias Corvin, roi de Hongrie, à la suite d'une bataille gagnée sur les Turcs. On l'a désigné sous le nom de *manuscrit de*

Bude[1]. Pierre Pithou, si l'on en croit Grosley[2], retenu par des scrupules honorables mais exagérés, se refusa d'abord à le publier. Il jugeait qu'un ouvrage de cette nature n'était pas fait pour voir le grand jour et n'en permettait la lecture qu'à ses meilleurs amis, entres autres à Henri de Mesmes[3].

Mais il avait aussi communiqué confidentiellement sa collation des manuscrits ainsi que ses notes à l'éditeur Mamert Patisson, qui prit sur lui de les publier. Il s'excuse dans son *Épître dédicatoire* de n'avoir pas demandé l'autorisation à Pithou et d'avoir outrepassé ses droits : « Je te renvoie, écrit-il[4], ton Pétrone, que dis-je ? le nôtre, disons mieux, celui de tout le monde désormais. Et même, pour mettre le comble à mes torts et à ta colère, j'y ai joint tes fines observations. Perfide ! diras-tu ; oses-tu bien encore m'adresser la parole?   Quitte plutôt cet air sévère et écoute-moi. Ne te souvient-il plus de

1. Pétroquin, *op. cit.*, p. 61.

2. *Vie de Pierre Pithou*, t. 1er, Paris, Cavelier, 1756, p. 222.

3. « Exstat autem magna ejus Satyrici pars in meo libro, cujus ego procacitatem et lasciviam privato carcere ita damnavi, ut tamen ejus copiam viris optimis et amici-simis non negem, quam non ita dudum feci Errico Memmio V. C. et bonarum artium patrono. » (*Adversaria subseciva*, l. II, ch. 2.) Pithou avait également communiqué son manuscrit à Ronsard, à Antoine de Baïf, à Belleau, à Lambin. (Cf. Lambin, *ad Horat. Epod. V.*)

4. C'est sans vraisemblance que cette préface anonyme et sans date a été attribuée par Grosley à François Pithou, frère de Pierre (*op. cit.*, t. I, p. 223).

tout ce que nous dit le grand saint Basile de l'utilité qu'on peut retirer des auteurs de ce genre?
Oui, dis-tu, je m'en souviens et je l'approuve, mais
il y a chez Pétrone tant d'ordures, d'obscénités,
en un mot, une dépravation telle qu'il semble qu'à
Lampsaque même la police ne les tolérerait pas...
Certes, et je ne saurais non plus louer cette indécence, malgré toutes ses grâces ; j'avertis tout le
monde de se prémunir contre elle avec les plus mi-
nutieuses précautions ; je le crie aussi fort que je
puis. — Je n'en permets la lecture qu'aux gens de
bien ; qu'ils en usent à leur gré, mais qu'ils ne
souffrent pas qu'il en corrompe d'autres. Quant à
moi, j'atteste, j'affirme que mon dessein a été plutôt
de publier l'arbitre de l'élégance latine que le Pétrone de Néron et de Silia. Et plût à Dieu qu'on pût
pour l'avenir infibuler un auteur aussi lascif et sa-
lace ; c'est peut-être ce qu'oseront ceux qui, pour me
servir d'une expression de Plaute, donnent à « un
bélier châtré » le nom de Pétrone. Mais pour moi il
ne m'a pas plu de le mutiler, de lui enlever la vie en
même temps que la virilité, accident qui arrive à de
maladroits maquignons, quand ils pratiquent cette
opération. Adieu, et tâche enfin de t'apaiser[1]. »

---

1. « Remitto ad te Petronium tuum, imo nostrum, imo jam omnium.
Adjeci etiam, ut iracundia tua ingratissimo isto cumulo explori
posset, notulas tuas. Perfide ! inquies, et loqueris ! Pone tu potius

Le Pétrone de Pithou paraît en 1577 [1] sous ce titre : *Petronii Arb. Satyricon ex veteribus libris emendatius et amplius.* Lutetiae, ap. Mamert. Patissonium — in-12°. La 2° édition, que l'on a prise longtemps pour la première, est de 1587 : *Petronii Arbitri Satyricon,* adjecta vetorum quorumdam poetarum carmina non dissimilis argumenti : in quibus nonnulla emendatius, alia nunc primum eduntur, cum notis doctorum virorum. Lutetiae, ap. Mamertum Patissonium, in-12 [2].

---

supercilium, atque audi. Non meministi quae Magnus Basilius de utilitate ex hujuscemodi scriptoribus capienda monet? Memini, ais, et probo. Sed Petronii obscenitas, spurcitia et, ut, uno verbo dicam, nequitia ea est, ut ne Lampsaci quidem ferri publice posse videatur. ...... Quamquam ego nec spurcitiam illam tam accuratam laudo : et ut ab hac religiose omnes caveant, serio moneo, et quantum possum, magna voce denuntio. Utantur modo, fruanturque viri boni arbitratu, dum ne quid eorum culpa deterius fiat. Quod ad me attinet, hoc testor, hoc affirmo id mihi potius animi fuisse, latinae elegantiae Arbitrum, quam aut Neronis, aut Sillae Petronium edere. Atque utinam tam salacem et venereum hominem omnibus posthac infibulare liceat ; quod forsitan ausuri sunt illi qui, ut Plauti verbis dicam,

Petronii nomen inducunt verveci sectario.

« Mihi quidem certe castrare non libuit, ne quod imperitis istis sectoribus et mangonibus accidit, simul et evirarem et occiderem. Bene vale, atque irasci tandem desine. »

1. V. Pétrequin, op. cit., p. 116. — « Cette édition, quant à la partie typographique, est extrêmement jolie. La Bibliothèque nationale en possède un exemplaire précieux, sorti de la bibliothèque de Jacques Mentel et chargé à la marge de notes manuscrites de Jean Passerat. » (La Porte du Theil.)

2. En 1579, Claude Binet fait paraître à Poitiers un certain nombre de fragments poétiques, dont une partie, suivant lui, serait de Pétrone. « Petronii Arbitri itemque quorumdam veterum Epigram-

Pithou eut à se féliciter de sa résolution, car son Pétrone fut accueilli par les jugements les plus favorables des érudits. Juste-Lipse en particulier lui adresse les louanges les plus flatteuses (Lib. V. *Epist.* XIX) — et proteste en même temps que la lecture de Pétrone est sans danger pour tout esprit chaste : « Je ne me trouve point offensé, dit-il, par cette corruption sans fard ; son badinage m'amuse, son esprit me séduit ; quant au reste, il ne laisse sur mon âme et sur mes mœurs pas plus de taches qu'une barque ne laisse de traces sur un fleuve [1]. »

Dès lors, le texte est mieux établi ; les éditions vont se succéder rapidement ainsi que les commentaires: Jean Dousa (Van der Does) historien, poète et critique hollandais, né à Noordwyck, près Leyde, (1545-1604), qui fut gouverneur et défenseur de Leyde pendant le célèbre siège de 1574, publie en 1583 dans cette ville, chez Jean Paets, ses savantes corrections et ses observations sur le texte de Pétrone

---

mata hactenus non edita Cl. Binetus conquisivit et nunc primum publicavit. Pictavii, ex officina Bochetorum fratrum, pet. in-4°. Binet avait trouvé ces pièces sur un manuscrit appartenant à la bibliothèque de l'église de Beauvais. Mais, pour la plupart, l'attribution à Pétrone est des plus douteuses. (Cf. Buecheler, *op. cit.,* p. xxxvi, et *Petronii fragmenta,* ibid., p. 222, sq.) Pétrequin pense même que ces épigrammes sont de la composition de Claude Binet.

1. « ... Nuda illa nequitia... nihil offendor : joci me delectant; urbanitas capit : cætera nec in animo, nec in moribus meis magis labem relinquunt quam olim in flumine vestigium cymba. »

sous le titre de : *Præcidanea*[1] (1 vol. in-8°). Il les joint en 1585 à son édition du *Satiricon*, qui paraît en même temps à Leyde (ex offic. J. Paetsii, in-8°) et à Paris, chez Guillaume Linocier, in-8°. Voici le titre de cette dernière, qui sera réimprimée en 1586 chez le même Linocier : *Petronii Arbitri viri cons. satyric.*, longe quam antea tersius et emendatius... Accesserunt Jani Dousæ præcidanea et Joan. Richardi notæ, Lutetiae Parisiorum, apud Guilielmum Linocerium, 1585, in monte D. Hilarii, ad insigne vasis aurei, in-8°. Puis, vient l'édition de Jean Wouweren, dédiée à Joseph Scaliger, Lugd. Batav., ex officina Plantiniana apud Franciscum Raphelengium, 1596, — *ibid.*, 1604, in-12 et 1623, in-8° — Amsterdam, 1626, apud Guiliel. J. Caestum, in-24 de 288 pages, et Paris, chez Christophe Beys[2], 1601, in-12.

La première édition du Pétrone de Paul Frellon, ainsi que Pétrequin en apporte la preuve[3], est de

____

1. Reproduits par Burmann dans son édition de 1709 : *Jani Dousæ Nordovicis pro Satyrico Petronii Arbitri viri consularis præcidaneorum libri III.* Fol. 1 à 59.

2. Chez Étienne Vallet, d'après l'*Histoire littéraire de la France*, par les Bénédictins, p. 204, t. I, Iʳᵉ partie. Mais c'est une erreur. L'avertissement de l'édition de 1601 commence par ces mots : Christophorus Beys Typographus Lectori S. D. Toutefois le nom de Beys ne figure pas sur le titre : *Petronii Arbitri Satyricon..... Editio nova. Lutetiae Parisiorum apud Johannem Februarium juxta scholam Remensem, 1601.* Cf. La Porte du Theil, Manuscrit, t. I, p. 319.

3. *Op. cit.*, p. 62.

1608. Elle est intitulée : *Petronii Arbitri Satyricon,* multis virorum illustrium notis et observationibus illustratum. Editio postrema omnium fere quæ hac-tenus prodierunt tersissima. Lugduni, sumptibus Pauli Frellon, 1608. Elle est réimprimée, également à Lyon, en 1615, sous ce titre : *T. Petronii Arb. eq. Rom. Satyricon* cum Petroniorum fragmentis, noviter recensitum, interpolatum et auctum. Accesserunt seorsim notae et observationes variorum. Lugduni, apud Paulum Frellon, 1615. Une nouvelle réimpres-sion paraît encore à Lyon sous le même titre en 1618.

Dans l'intervalle, avait paru l'édition de Pétrone de Melchior Goldast de Heiminsfeld, historien et érudit suisse (1576-1635), publiée en 1610 — in-8°, sous le nom de Georges Erhard [1] : *Titi Petronii Ar-bitri Equitis Romani Satyricon cum Petroniorum fragmentis, noviter recensitum, interpolatum et auc-tum. Accesserunt seorsim notae et observationes va-riorum.* Helenopoli (Francfort) pro bibliopolo Joan. Theobaldi Schœnwetteri, excudit Joannes Bringe-rus. Elle contient, avec des corrections dans le texte, de copieux commentaires extraits des édi-tions précédentes. On y trouve les remarques de vingt-deux commentateurs, Pierre et François Pi-

---

1. Ailleurs Goldast prend le pseudonyme de Gasp. Lundorp. Cf. Pétrequin, *op. cit.*, p. 61, note 35.

thou, Hermann Busch, Hadrianus Junius, J. Sambucus, Jean de Tournes, Claude Binet, les *Præcidanea* de Jean Dousa et les notes de son fils, les *Animadversiones* de Jean Wouweren et les *Symbolæ* de Georges Erhard, c'est-à-dire de Goldast lui-même. Tous ces noms figurent à leur place chronologique dans notre exposé. De plus il y a les remarques de plusieurs anonymes ou *incerti auctores*, celles de Henri Estienne sur les pièces de vers du *Satiricon*, de François et de Pierre Daniel d'Orléans. Ce dernier avait pu consulter dans la bibliothèque de Jacques Bongars le manuscrit de Pétrone actuellement à Berne (*codex Bernensis*). On trouve encore dans l'édition de Goldast les notes de Germain Colladon, professeur à Genève, sur le poème de la *Guerre civile*, de Christophe Richard de Bourges, de Conrad Ritterhuys, jurisconsulte et érudit allemand, et d'un autre savant allemand, Gaspard de Barth (Barthius) — (1587-1658)[1].

Ce sont ces commentaires de l'édition de Goldast que reproduisent celles de Frellon, 1615 et 1618, sous le titre : *Sylloge annotationum et observationum in T. Petronii Arbitri Satiricon et fragmenta*, ex Theologorum, Jureconsultorum... scriptis... collecta ac di-

---

[1]. Ces notes de Barth sont extraites de ses *Adversaria* (Francfort, 1624), où il y a en particulier tout un chapitre consacré à Pétrone (chap. VI du livre XXI).

gesta a Georgio Erhardo, Franco, Philosophiae magistro, cum Indice Interpretum.

En 1618 aussi, le Pétrone de Goldast est réimprimé à Lyon, apud Jacob. Marcum, in-12[1]. Une nouvelle édition en est donnée en 1621 (Francfort, in officina Wechel).

Jean Bourdelot publie à Paris en 1618 chez Isaac Mesnier une édition de Pétrone, *cum notis et glossario*, in-12, où il introduit dans le texte des additions hasardeuses. *Non habeo fidem Bourdelotio*, dit Burmann (éd. de 1709, p. 527), *qui audacissime sæpe locos sanos tentat, et nescio quos codices crepat*. Le Pétrone de Bourdelot est réédité à Paris en 1645, in-12, et à Leyde, la même année, sous ce titre : *Petronii Arbitri Satyricon ejusdemque fragmenta, illustrata hac nova editione I. Bourdelotii notis criticis et glossario Petroniano. Edente D[r] S-S. Lugd. Batav., apud Iustum Livium*, 1645. (Imprimé chez Ph. de Croy[2].) Le Pétrone de Bourdelot a encore été réimprimé en 1663, Amsterdam, in-12, *repurgante singula Rutgero Hermannide*, et en 1677, Paris, Cl. Audinet, petit in-12. Pierre Lotich (Lotichius), poète et médecin allemand, publie en 1629 à Francfort,

----

1. Burmann, 2e édit., t. II, p. 322. Pétrequin, *op. cit.*, p. 60.

2. Cf. Alphonse Willems. *Les Elzévirs* (Bruxelles, Van Trigt, 1880), n° 1638, p. 443, et Supplément de G. Berghman (Stockholm, Aktiebolag, 1897), n° 427, p. 118.

chez Wolfgang Hoffmann, in-4°, le texte de Pétrone avec son commentaire, qui n'est guère qu'une compilation [1]. Mais à la suite viennent les notes de plusieurs savants, J.-Alex. Brassicanus [2], Jacques Bongars, Claude Du Puy (*Puteanus*), etc.

En cette même année 1629 paraît à Genève, chez Jean Mercier, in-4°, le Pétrone de Théodore de Juges : *T. Petronii Arbitri eq. Rom. Satyricon in capita dissectum, cum omnibus omnium interpretum observationibus, notis et commentariis, hactenus sigillatim, nunc tandem sub unum conspectum ad calcem cujusque capitis collocatis. Cum novo insuper et locu-*

---

1. *T. Petronii Arbitri Satyricon*, notis universalibus et perpetuis recens seriatim enodatum opera J. Petri Lotichii D. Medici et p. t. Reipublicæ Mœno Francofurtensis Physici. — « Des trois volumes dont cette édition est composée, le dernier à coup sûr n'a pu être publié que postérieurement à l'édition de Gonzalo de Salas et de Théod. de Juges, puisque, dans les *Addenda*, Lotichius a inséré quelques citations tirées de ces deux éditions. » La Porte du Theil, Manuscrit, t. I, p. 363.

2. Le célèbre jurisconsulte allemand Kohlburger, connu sous le nom de Brassicanus, avait préparé un commentaire pour une édition de Pétrone projetée par l'imprimeur Oporin, de Bâle. On admet généralement que le projet ne fut pas réalisé et que les notes manuscrites de Brassicanus passèrent dans la bibliothèque de Bongars, d'où elles furent plus tard communiquées à Lotich. Cependant, La Porte du Theil, d'après Draudius (Bibliothec. classic., p. 1538) inscrit sous l'année 1591 une édition de Brassicanus : *Petronii Arbitri Satyrici Fragmenta, ab Alexandro Brassicano emendata et annotata*. Basil. apud Oporinum et Antverp. apud Plant. et ex ejusdem officina cum variorum notis. 1591. in-12. La lettre de Peiresc (v. p. 41) semblerait confirmer l'existence de cette édition, qui serait, en tout cas, très rare.

pletissimo rerum et verborum indice. Th. de Juges divisa le premier le texte en chapitres et c'est sa division qui a été conservée jusque dans les éditions les plus récentes. C'est encore en cette même année 1629, décidément propice à Pétrone, comme le remarque l'auteur de la *Notitia literaria* de l'édition Bipontine [1], que paraît l'édition de l'Espagnol Gonsalo de Salas : *Petronii Arbitri* extrema editio ex Musæo D. Josephi Antonii Gonsali de Salas. Francofurti, cura Wolfgangi Hofmanni, in-4°° [2]. Elle contient, outre les notes de l'éditeur lui-même, qui ont du prix, celles de Gaspard Schopp (Scioppius), savant querelleur, injurieux et redoutable, qui était grand admirateur de Pétrone. Il avait aussi composé fort jeune les *Sirenes Petronianæ, sive elegantiores phrases ex Petronio excerptæ,* que l'on trouve à la suite de l'édition de Lotichius de 1629.

Mentionnons encore le Pétrone de Simon Abbes Gabbema, Utrecht, 1654 (in-8°, typis Gisb. a Zyll et Theod. ab Ackersdyck), édition qui n'ajoute rien à celles qui l'ont précédée, et arrêtons-nous à l'année 1664. C'est celle où le fragment de Trau, contenant le *Festin de Trimalchion,* sera publié pour la pre-

____

1. P. xxv.

2. Avec un frontispice et un portrait du comte d'Olivarès, auquel le livre est dédié.

mière fois et remettra plus que jamais en vogue
l'auteur du *Satiricon*.

Quelle a été, pendant cette période de près de
deux siècles que nous venons de parcourir, l'influence de Pétrone sur notre littérature? Quels auteurs paraissent s'être inspirés de son esprit? Par
qui est-il cité et apprécié?

Au xvi° siècle, nos grands écrivains parlent peu de
Pétrone. Rabelais, et cela a lieu de surprendre, ne
paraît pas l'avoir connu. Marot, quoi qu'en aient dit
certains critiques, ne l'imite nulle part. Montaigne
l'a lu, mais ne le cite que cinq fois. Il s'en faut, on
le voit, que le *Satiricon* soit une de ces œuvres an-
tiques dont la moelle a passé dans les *Essais*. Montaigne emprunte à Pétrone la formule du serment
des gladiateurs (L. II, ch. 12. *Sat.*, ch. 11), deux
vers de la pièce du ch. 128 :

Animus, quod perdidit, optat
Atque in præterita se totus imagine versat.

(*Essais*, III, 5). Deux autres vers d'un fragment
attribué à Pétrone (XXXIII, Buecheler, éd. de 1862.
Essais, III, 9). Il reproduit, d'après Jean de Salisbury
(*Policrat.*, III, 8), cette maxime bien faite pour plaire
à son scepticisme : totus mundus exercet histrioniam [1].

---

1. « La plupart de nos vacations sont farcesques : *Mundus uni-
versus exercet histrioniam.* » (*Essais*, III, 10).

Enfin, en un passage où il descend jusqu'aux plus intimes confidences sur lui-même, il dit : « Il ne me souvient point de moy de si loing : Et peult-on marier ma fortune à celle de Quartilla, qui n'avoit point memoire de son fillage. » Cf. Pétrone, ch. 25[1].

Ailleurs, Montaigne rapporte, d'après Tacite, et apprécie avec quelque sévérité la mort de Pétrone. « ... Entre les hommes de peu, il s'en est trouvé, comme un Petronius et un Tigellinus à Rome, engagez à se donner la mort, qui l'ont comme endormie par la mollesse de leurs appretz : ils l'ont faicte couler et glisser parmi la lascheté de leurs passe-temps accoutumez, entre des garses et bons compaignons ... etc. » (*Essais*. III, ch. 9.)

Dans le *Moyen de parvenir*, de Béroalde de Verville, Petronius est un des interlocuteurs du banquet[2]; mais il ne tient aucun propos caractéristique et qui soit une réminiscence du *Satiricon*. On sait que Béroalde fait figurer à ce banquet bon nombre d'auteurs grecs et latins, sans se préoccuper de leur attribuer un langage conforme à leur caractère véritable. A tous indistinctement il prête ses contes obscènes et ses grossières gaudrioles.

---

1. Il se peut qu'il y ait une allusion au même chapitre de Pétrone, au livre I, ch. 22, des *Essais :* « Ce conte qu'une femme de village, ayant apprins de caresser et porter entre ses bras un veau, sq. »

2. Voir, XXXII, XLIX, L.

Ce n'est pas chez Pétrone même que Brantôme a lu le conte de la *Matrone d'Éphèse*, qu'il imite[1]. Il le tenait, dit-il, de Daurat, qui prétendait l'avoir lu dans Lampride. Depuis, Brantôme le retrouva dans le livre des *Funérailles*, dédié à M. de Savoye.

Les poètes et les conteurs licencieux ignorent donc ou négligent ou craignent d'imiter le *Satiricon* qui, au surplus, est, selon l'opinion commune, une satire dirigée contre Néron. Seuls, les savants dissertent sur Pétrone : les uns, après de fortes réserves sur le fond de l'œuvre, louent sans restriction la finesse de son esprit et l'agrément de son style ; les autres sont surtout frappés par l'indécence de ses peintures et la corruption qu'elles révèlent. On peut lire les appréciations d'un certain nombre d'érudits du XVIe siècle sur Pétrone en tête de l'édition de Paul Frellon (éd. de 1618, Lyon), p. 11 sq.

Plusieurs l'imitent dans leurs écrits latins, soit en vers, soit en prose. Ainsi, la préface que François Pithou plaça en tête de son édition des *Déclamations* faussement attribuées à Quintilien[2], offre des réminiscences et une citation des premiers chapitres

----

1. *Vie des dames galantes*, disc. IV, art. III, p. 95 sq., éd. de 1740, t. 3. « J'alléguerai là-dessus un bel exemple, qui pourra servir à semblables, d'une belle et honneste dame d'Éphèse, etc. »

2. Quintiliani Declamationes ; Calphurnii Flacci excerpta...... Ex. Bibl. P. Pithœi qui varias Lectiones et notas adjecit. Paris. 1580.

du *Satiricon*. En 1587, il se souvient aussi de Pétrone dans une épître à J.-Auguste de Thou, où il
lui retrace les devoirs qu'impose au nouveau président à mortier la triste situation de la France, en
proie à la guerre civile[1]. Voici les imitations qu'on
retrouve en cette épître.

Pithou, v. 23.
Et sibi quisque Deos avida certamine fingit.
Cf. Petr. fragm. XXVII Buecheler, 1862) :
v. 13.
Jam sibi quisque deos avida certamine fingit.
Pithou, v. 27 seq.
. . . . perituraque Gallia primum
Perdidit ipsa Deos; vindictaeque acta furore. . .
. . . . albique. . .
Facta sui merces mansit sine vindice praeda.
Cf. Petr., *Trojae halosis* :
v. 53.
Peritura Troja perdidit primum deos.

1. V. cette épître dans Grosley, *op. cit.*, t. I, p. 229 et suivantes.
De Thou aussi a lu Pétrone et s'en souvient à l'occasion. Pierre de
l'Estoile écrit (avril 1610) : « M. Justel m'a fait voir, ce mardi 13
de ce mois, des vers latins imprimés en une feuille, composés par
M. le P. D. Th. contre la censure faite à Romme de son Histoire
et autres livres; dans lesquels le nom de Trimalcion, (qu'on lit
dans *Petronius Arbiter*, de Néron, qu'on prend là pour un bar-
dache) semble être adapté au pape de Romme (soit que l'auteur
l'ait pris en ce sens de Pétrone, ou autrement l'ait entendu de
quelque grand. Ils sont intitulés Ἀλληθμα et sont estimés bien
faits par ceux qui s'y connaissent... » *Mémoires journaux*, t. 10,
p. 197, Paris. *Librairie des Bibliophiles.*

De bello civili : v. 142. —

Viudictæque natus amore.

v. 60. —

Romæ ipsa sui merces erat et sine vindice præda.

Pithou, v. 60.

Tempestas facti peragat mandata furentis.

Cf. Petr., ch. 114.

Peragit interim tempestas mandata fatorum.

Pierre Pithou était encore récent de son édition de
Pétrone quand il commença, en 1593, à collaborer à
la *Satyre Ménippée.* Cependant, on ne saisit dans cet
éloquent pamphlet aucun souvenir du *Satiricon.* Les
auteurs de la *Ménippée* se proposaient en effet un
objet trop différent de celui de Pétrone pour être
amenés à lui faire des emprunts. Ils se sont contentés
de justifier leur titre de *Satyre Ménippée* appliqué à
un écrit en prose mêlé de vers, en alléguant Varron,
imitateur de Menippus, et Pétrone. « Et Varron.....
en fit de mesme en prose, comme depuis fit Petronius
Arbiter, et Lucien en la langue grecque[1]. »

Parmi les poètes de la fin du XVI⁰ siècle, je ne
vois guère que Mathurin Régnier qui, dans ses
écrits « craints du chaste lecteur », n'ait pas hésité

---

1. Discours de l'imprimeur sur l'explication du mot de *Higuiero
d'infierno* et d'autres choses qu'il a apprises de l'auteur. (Morceau
ajouté à la 2⁰ édition de la *Ménippée*), p. 241, t. I, éd. E. Tricotel,
Paris. Lemerre, 1881.

à faire à Pétrone des emprunts directs. Dans l'Élégie IV, il imite librement, mais en retenant nombre d'expressions et de traits, ou parfois traduit presque littéralement l'épisode si scabreux de Polyænos et de Circé. Voici, par exemple, comment il rend le galant madrigal du chapitre 126 :

Quid factum est, quod tu projectis, Juppiter, armis, etc.

Vers 71 et suivants :

Hé quay ! là-haut au Ciel mets-tu les armes bas,
Amoureux Jupiter, que ne viens-tu çà bas
Jouir d'une beauté sur les autres aimable !
Assez de tes amours n'a caqueté la fable.
C'est ores que tu dois, en amour vif et prompt,
Te mettre encore un coup les armes sur le front ;
Cacher ta déité dessous un blanc plumage ;
. . . . et te répandre encor,
Alambiqué d'amour, en grosses gouttes d'or.

Cette Satire XI nous offre un souvenir non moins précis d'un des passages les plus risqués du même épisode (v. 229 et suivants) :

Polyenne pour lors me vint en la pensée,
Qui sçeut que vaut la femme en amour offensée,
Lorsque, par impuissance ou par mespris, la nuict,
On fausse compagnie ou qu'on manque au desduict, etc.

. . . .

Jeanne, non moins que Circe, entre ses dents murmure,
Sinon tant de vengeance, au moins autant d'injure.

A la fin de la Satire X nous voyons Régnier dans la même situation qu'Encolpe (*Satiric.*, 6 et 7). Enfin la description de la Satire XI rappelle le taudis où la vieille de Pétrone prépare ses drogues[1].

Pendant la première moitié du xvii° siècle, on lit Pétrone, bien qu'on ne l'imite guère. Il commence à être goûté des beaux esprits qui croient retrouver en lui la délicatesse d'un écrivain qui a vécu à la cour. L'identification de l'auteur du *Satiricon* avec le roi de la mode (*elegantiæ arbiter*), dont parle Tacite, est alors adoptée universellement.

Déjà, en 1607, Daniel Heinsius peut écrire : « Plautus aut Petronius ætatem occupant. » *Ad lectorem* (Maximi Tyri Dissert.).

Un des hommes qui, à cette époque, représentent avec le plus d'éclat l'érudition et la curiosité scientifique, Claude Fabri de Peiresc, recherche les meilleures éditions de Pétrone et prie son ami Du Puy de lui acheter entre autres celles d'Ant. Gonsalo de Salas, de Lotichius, de Brassicanus[2]. Il voudrait voir celle à laquelle le père de Du Puy a ajouté des notes[3]. Il envoie à François-Auguste de Thou, le

---

1. Cf. Vianey : *Mathurin Régnier* (Hachette, 1896), p. 127.

2. *Lettres de Peiresc*, publiées par Tamizey de Larroque. Imprimerie Nationale, 1893, t. II, p. 227. Lettre XLII, du 17 janvier 1630.

3. *Ibid.*, p. 458. Lettre XCVI, du 27 février 1633.

fils aîné du grand historien, alors à Rome, le Pétrone de Wouweren [1].

C'est un ami de Peiresc, Jean Barclay [2], qui, au commencement du XVIIe siècle, va, sinon entreprendre de rivaliser, comme on l'a dit, avec Pétrone, au moins imiter d'assez près le *Satiricon*, soit pour les procédés de composition, soit pour le style. Son *Euphormion*, publié en 1603 [3], est un roman satirique sous forme de Ménippée, qui emprunte à Pétrone son cadre très souple, diverses situations et des expressions en assez grand nombre. Si le *Satiricon* n'est pas, il s'en faut, l'unique modèle de Barclay, du moins lui doit-il, dans ses meilleures pages, la fine ironie et l'élégante latinité qu'admirèrent les contemporains. L'Estoile, entre autres, loue ce « beau latin et tout Pétronique » (*Mémoires jour-naux*, t. IX, p. 324).

Toutefois, on s'étonne, en lisant le plan d'études tracé par Lucretius (*Euphormion*, pars I, cap. 20), de voir figurer Pétrone au nombre des auteurs que l'adolescent pourra lire avec profit : « Mox in omnes passim auctores evagetur licentius liberum studium ; nec *Petronium*, Livium, Sallustium, Cæsarem, Te-

---

1. *Ibid.*, t. I, p. 122. Lettre XXV, du 11 janvier 1627, à Du Puy.

2. Né en 1582 à Pont-à-Mousson, d'un père écossais, Guillaume Barclay, professeur de droit à l'Université, et d'une mère lorraine.

3. Ire partie, Londres. in-12. IIe partie, Paris, François Huby, 1607.

rentium, Curtium pudeat miscuisse Ciceronianœ dictioni. »

Le continuateur de l'*Euphormion* de Barclay, le Dijonnais Claude-Barthélemy Morisot, puise aussi dans le *Satiricon* et le commente en des pages très libres et très audacieuses[1]. Il suppose qu'un élève des Acigniens (ignaciens, jésuites) révèle naïvement que Pétrone est l'auteur qu'on lit maintenant dans leurs écoles à la place d'Aristote. On devine quelles mœurs peuvent être enseignées par un tel précepteur. L'accusation est formulée sans réticence ; tout le morceau est d'une ironie violente.

On rencontre quelques réminiscences de Pétrone dans le conte latin du poète Théophile de Viau, intitulé : *Larissa*. (Voir les *Œuvres de Théophile*, édition de 1638, p. 321 : « Igitur postero die cœpi pudorem pueri sollicitare, etc[2]. » Cf. Pétrone, ch. 85-87.)

Pétrone étant au XVIIe siècle considéré comme un satirique, nous ne devons pas être surpris que les romanciers de ce temps ne lui aient rien emprunté. Et pourtant, quelques-unes de leurs œuvres offrent

---

1. Morisot est l'auteur de la Ve partie de l'*Euphormion*, *Aletophili Veritatis Lacrymœ*, publiée en 1625. L'ouvrage fut cette même année condamné au feu par arrêt du Parlement de Dijon.

2. Dans sa vieillesse, Bussy-Rabutin s'est amusé à traduire ce petit conte.

des situations analogues à celles du *Satiricon* et s'en rapprochent au moins par certaines tendances réalistes. Telle *la Vraie histoire comique de Francion* (1623), par Charles Sorel, dont le héros n'est pas d'une moralité bien supérieure à celle d'Encolpe. L'apologie que présente Sorel fait songer à celle que l'on lit chez Pétrone (ch. 132). Comme celui-ci, il fait parler à ses personnages la langue populaire, le *sermo plebeius* de son temps. « N'est-il pas vrai, dit-il, que c'est une très agréable et très utile chose que le style comique et satirique? L'on y voit toutes les choses dans leur naïveté. Toutes les actions y paraissent sans dissimulation... Que si l'on est curieux du langage, comme en effet on le doit être, où le peut-on considérer mieux qu'ici? Je pense que dedans ce livre on pourra trouver la langue française tout entière, et que je n'ai point *oublié les mots dont use le vulgaire*[1]. » Mais nulle part Sorel ne nomme Pétrone et rien n'indique qu'il l'ait lu. On ne saurait en effet considérer comme une allusion directe au squelette du festin de Trimalchion la phrase où il est question d'une coutume des Égyptiens: « N'avez-vous pas ouï dire que les Égyptiens mettoient autrefois en leurs festins une carcasse de mort sur la table, afin que songeant que possible le lendemain ne seroient-

---

1. *Francion*. L. 10, p. 385, éd. E. Colombey.

ils plus en vie, ils s'efforçassent d'employer le temps
le mieux qu'il seroit possible [1] ? » Cet usage est rapporté par Plutarque (*Banquet des sept Sages*, II) [2].
Nous ne trouvons pas non plus trace de la lecture
de Pétrone dans le *Roman comique*, de Scarron
(1651), dans le *Roman bourgeois*, de Furetière
(1666), dans les *Aventures burlesques*, de d'Assoucy
(1677), récit mêlé de vers, de dissertations paradoxales, autobiographie d'un bohême comme Encolpe, et de qui les mœurs aussi ont été suspectées.
Rien de Pétrone dans Cyrano de Bergerac. Mais son
ami et éditeur Henri Lebret (préface de l'*Histoire
comique et Voyage dans la lune*, 1656), parlant des
ouvrages où subsistent des lacunes, ajoute : « Ceux
de Pétrone sont de ce nombre-là ; mais on ne laisse
pas d'en admirer les beaux fragments, comme on
fait des restes de l'ancienne Rome. »

Ajoutons tout de suite que *Gil Blas* et *Guzman
d'Alfarache* n'empruntent rien au *Satiricon*. Cependant, il y a un rapport assez étroit entre le *Satiricon*
et le roman picaresque et on a plus d'une fois comparé les héros de Le Sage à celui de Pétrone. Guzman surtout, voleur, débauché, sans scrupules d'aucune sorte, est bien de la famille d'Encolpe. Mais

----

1. P. 314, éd. E. Colombey,
2. Cf. *De Iside et Osiride*, XVII.

Le Sage ne semble pas avoir lu Pétrone et, en tout cas, ne le fait pas figurer dans la bibliothèque du château de Lirias, à la suite de ces romans et de ces livres de morale enjouée dont il parle.

Les imitations de Pétrone sont devenues beaucoup plus rares dans le second roman de Barclay, l'*Argenis*, publié en 1621 [1], roman politique et allégorique, qui ne présentait, en raison du sujet et du caractère héroïque des personnages, aucun rapport avec le *Satiricon*. Aussi doit-on y signaler seulement, outre le mélange de la prose et des vers, l'emploi d'un certain nombre d'expressions prises chez Pétrone [2].

Au nombre des écrivains de la première moitié du XVII° siècle qui paraissent avoir pratiqué notre auteur, il faut placer Balzac. C'est même ce que lui reproche avec violence le moine feuillant André de Saint-Denys. Mais cette accusation, F. Ogier (*Apologie pour M. de Balzac* [3]) la rétorque contre celui qui l'a lancée : « Tout ce que dit M. de Balzac est ingénieux et n'est pas déshonnête... Souvent ce que dit Pétrone est sale et n'est pas ingénieux...

------

1. Paris, N. Buon. in-8°.

2. J'ai relevé les emprunts de Barclay, au *Satiricon*, dans mes *Notes sur l'Euphormion* (Nancy. Berger-Levrault, 1901, p. 39 sq.), et dans mes *Notes sur l'Argenis.* (*ibid.*, 1902, p. 135 sq.).

3. *Œuvres de Balzac*, éd. de 1665, t. II, p. 119.

et cependant Pétrone est un des familiers du frère
A*. Encolpe et Giton ne font-ils pas de belles choses
dans sa cellule ? Si une femme mondaine entre dans
un couvent, on le purifie, et peu s'en faut qu'on n'y
mette le feu pour le nettoyer ; et néanmoins, notre
moine ne laisse pas de garder curieusement au milieu des siens toutes les ordures de l'antiquité, et de
recéler dans une maison religieuse des gens qui doivent être brûlés dans les républiques bien policées. »
Malgré les protestations de F. Ogier, il y a dans
Balzac plusieurs passages où se retrouvent des souvenirs de Pétrone. Ainsi il lui emprunte (Lettres,
t. I de l'édition de 1665, p. 174) cette expression
(*Sat.*, ch. 4) : « Cruda adhuc indigestaque studia »,
pour la traduire par : « La crudité et l'indigestion de
leurs lectures. » On peut croire également à une
réminiscence de Pétrone chez Balzac, dans le passage suivant (t. I, p. 92, lettre XVI du livre III, à
Chrysolite) : « Elle est née des pechez de sa mère,
et jamais virginité ne dura moins que la sienne. Elle
en a perdu le souvenir ; mais ceux de son temps
assurent que la première fois qu'elle sortit du logis,
elle trouva au retour ses gants et son p..... à dire [1]. »

Dans sa VIIIe *Dissertation critique,* pour se jouer

---

1. Cf. Pétrone, ch. 25 : « Junonem meam iratam habeam, si un-
quam me meminerim virginem fuisse. Nam et infans cum paribus
inclinata sum, etc. »

de l'érudit Costar[1], Balzac a inséré des fragments de sa pièce célèbre : *Indignatio in poetas Neronianorum temporum*[2], qu'il attribuait à Turnus, et que les Allemands ont plus d'une fois réimprimée comme authentique. Elle est dédiée au duc de Montausier, grand ami de Bussy, et probablement lecteur de Pétrone, lui aussi. Plusieurs des vers cités sont imités de Pétrone :

> Usque adeo maculas ardent in fronte recentes
> Hesternique Getæ vincla et vestigia flagri !

Cf. Pétrone, ch. 126.

Il ajoute : « Elles (les Muses qui se prostituent à des valets) m'ont fait souvenir de ces autres Dames du mesme temps, que vous avez velles en un mauvais lieu, et qui doivent craindre le commissaire du quartier ; je veux dire dans le Satyrique de Pétrone : *quæ vestigia flagrorum osculabantur, quæ complexus suos, si ma mémoire ne me trompe, mittebant in crucem, et in extrema plebe quærebant etiam quod amarent.* » Et, au chap. V de la même dissertation (p. 614) : « S'il (l'orateur de Poitou que vous connoissez) entendoit le latin, il adresseroit à la nouvelle Carmélite ces paroles de Pétrone : *Quid proderit hoc tibi, si te vivam sepelieris ; si, antequam fata poscant,*

---

1. *Dissertations critiques*, Œuvres (1665), t. II, p. 613.
2. *Carminum* L. III.

indamnatum spiritum effuderis? » Faut-il aussi, avec F. Ogier lui-même[1], voir une réminiscence de Pétrone dans la phrase suivante : « Je te prie donc de ne m'en battre point les oreilles à ton arrivée, et de ne retourner pas mon ennemi pour me faire la guerre *avec ces grandes paroles.* » (Balzac.) Cela est imité de Pétrone : « *Enormis loquacitas.* Petronius in Satyrico. » Le souvenir, en tout cas, serait bien vague et bien peu caractérisé.

Enfin, Balzac nomme encore Pétrone dans son *Aristippe* (t. II, p. 190. Discours septième) : « Ce sont des Pétrones et des Tigellins auprès de Néron; ce sont des advocats de la volupté, qui plaident sa cause, etc. »

Pétrone est cité dans les *Lettres de Phyllarque* (Goulu) *à Ariste.* On y lit, traduit avec des passages du *Dialogue des orateurs,* le fragment sur les déclamateurs (ch. 1-2).

Voiture[2] et Sarrasin ont goûté le *Satiricon.* Ce dernier a imité en vers le poème de la *Guerre civile*[3].

1. *Conformité de l'éloquence de M. de Balzac avec celle des plus grands personnages du temps passé et du présent.* (Œuvres de Balzac, 1665, t. II, p. 171.

2. Voir *Lettre de Voiture à M. Costar* (éd. de 1654, p. 578. Lettre CXCIII) : « Que le petit conte latin du bas de vostre lettre m'a « pleu et semblé admirablement écrit ; si vostre histoire, ou la « mienne, estoient escrites comme cela, on ne liroit plus Pétrone. »

3. Baillet (*Jugements des savants sur les principaux ouvrages des auteurs,* t. IV, éd. de 1725), mentionnant les nouvelles œuvres

On le voit ailleurs citer Pétrone (Attici Secundi Orbilius Musca sive Bellum parasiticum. *Histoire de Pierre de Montmaur*, édit. de 1715, t. I, p. 188) :
« Namque, ut ait Poeta,

Somnia quae mentem ludunt volitantibus umbris, etc. »
(Fragm. XXX.

En cette même *Histoire de Pierre de Montmaur*, Ménage prouve aussi qu'il a pratiqué Pétrone. Il cite une correction de Saumaise sur un passage du *Satiricon* (*ibid.*, t. I, p. 82. *Vita Gargilii Mamurræ parasitopædagogi*) et, p. 75, emprunte au chapitre 1er les expressions suivantes : *Cujus omnia dicta factaque essent et sesamo et papavere sparsa, etc.*[1].

On lit dans Pascal (*Pensées*, art. VII, 28, édit. Havet) une citation de Pétrone : « *Plus poetice quam humane locutus es* » (ch. 90). La phrase, ainsi que le fait remarquer M. Havet, n'a pas le même sens dans

___

de Sarrasin imprimées à Paris en 2 vol. in-12 (1675), dit : « Le « 2e vol. ne contient que des pièces en vers ; parmi les plus lon- « gues est un essai de poésie héroïque, la *Guerre espagnole*, imitée « du poème de Pétrone : *Orbem jam totum...* »

1. On trouve, dans le *Menagiana*, cette très juste remarque souvent reproduite depuis :

« Un valet dans Plaute et dans Térence s'exprime aussi poliment que son maître. Pétrone, fin et judicieux écrivain, introduisant des gens de la lie du peuple, les a fait parler naturellement comme ils parlaient. Cet échantillon, pour cette raison entre autres, est de conséquence : rien de tel ne se trouvant dans pas un des anciens qui ont précédé ou suivi Pétrone. » (*Menagiana*, t. I, Paris, Florent Delaulne, 1715, p. 263).

Pétrone que dans Pascal, qui aura sans doute emprunté à quelqu'un cette citation. Car nulle part ailleurs chez lui ne se rencontre la moindre allusion à Pétrone. Il est à remarquer cependant que MM. de Port-Royal connaissaient le *Satiricon* et y ont puisé plus d'un rapprochement dans leur *Epigrammatum delectus*, Paris, 1659; cf. p. 107, *ad Martialem*; p. 122, *id.*; p. 127, *id.*, etc. D'autre part, le chevalier de Méré, dont on sait les relations avec Pascal, aimait beaucoup Pétrone. Méré était de cette sorte de gens aimables et de plaisir dont parle Sainte-Beuve[1], les Saint-Évremond, les Ninon, les Saint-Pavin, les Mitton, qui raffolaient du voluptueux Romain. Dans une lettre à la duchesse de Lesdiguières[2], Méré traduit, en l'arrangeant un peu, le conte de la *Matrone d'Éphèse*.

Voici enfin un disciple de Port-Royal, Racine, qui cite Pétrone dans sa correspondance, et il est assez piquant de voir le futur auteur d'*Athalie* associer un abbé au compliment qu'il adresse aux belles Languedociennes, en se servant des expressions d'Encolpe : « J'étois détourné par d'autres spectacles; il y avoit tout autour de moi des visages qu'on voyoit à la lueur des fusées, et dont vous auriez bien eu

---

1. *Portraits littéraires*, t. III. p. 106. Le chevalier de Méré.
2. 34e lettre du Recueil épistolaire de Méré.

autant de peine à vous défendre, que j'en avois. Il n'y en avoit pas une à qui vous n'eussiez bien voulu dire ce compliment d'un galand du temps de Néron : « Ne fastidias hominem peregrinum inter culto- « res tuos admittere : invenies religiosum, si te « adorari permiseris[1]. » (Lettre XVI, à l'abbé Le Vasseur, à Usez le 26 novembre 1661 ; éd. Regnier.) Au cours de la même lettre, il cite encore Pétrone[2] : « ..... Épargnez-vous à vous-même de grosses injures, que je pourrois bien vous dire dans ma mauvaise humeur :

> Nam contemptus amor vires habet[3]. »

Mais c'est surtout la découverte du fragment de Trau qui va, dans la seconde moitié du XVIIe siècle, mettre Pétrone tout à fait à la mode.

1. Pétrone, ch. 127.
2. Pour être complet, ajoutons un passage de Pétrone (chap. 99), allégué dans les *Remarques sur l'Odyssée d'Homère* (éd. Regnier, t. VI, p. 187).
3. Pétrone, ch. 108.

CHAPITRE II

PÉTRONE PENDANT LA DEUXIÈME MOITIÉ
DU XVIIᵉ SIÈCLE.

C'est vers 1650 que Marino Statileo, à son retour
de l'université de Padoue, découvrit à Trau, en Dalmatie, dans la bibliothèque de son ami Nicolo Cip-
pico, un manuscrit beaucoup plus complet que ceux
que l'on possédait alors. Il venait combler dans la
description du festin de Trimalchion une vaste lacune, depuis les mots : Ipse nescit quid habeat, ch.
37, jusqu'au ch. 79 : Neque fax ulla in praesidio
erat[1].

Giovanni Lucio, qui était originaire de Trau
comme Marino Statileo, partant lui-même pour l'Italie en 1654, communiqua la découverte du nouveau
fragment à des savants de Padoue et de Rome[2]. Il
fut publié pour la première fois à Padoue, en 1664,

---

1. Le chapitre 55 existait seul dans les extraits antérieurement
connus.

2. Voir *Memorie istoriche di Tragurio*. Venetia, 1674, p. 531 sq.
— La Porte du Theil, qui raconte en détail l'histoire de la découverte et de la publication du fragment de Trau, donne, entre autres
pièces, de longs extraits de ces *Memorie istoriche di Tragurio*
(Manuscrit, t. I, p. 471 sq.).

chez Paul Frambotti. A la fin de 1664, une seconde
édition est donnée à Paris chez Edmond Martin, par
J. Mentel, sous le nom de J. C. Tilebomen (ana-
gramme de Jacobus Mentelius) et sous ce titre :
Ἀνέκδοτον *ex Petronii Arbitri Satyrico fragmentum*,
praefixo judicio de styli ratione ipsius. Lutetiae Parisiorum, typis Edmundi Martini, via Jacobaea,
sub Solo aureo, — réimprimée en 1666, *ibid.*, et
Amsterdam, 1670, in-8°, *cum Caii Tilebomeni con-
jecturis et Statilii apologia*.

D'autres éditions suivirent à bref délai. Celle de
Jean Scheffer[1] à Upsal (1665) in-8°, réimprimée à
Hambourg en 1675, est estimée ; celles de Thomas
Reinesius[2], Leipzig, 1666, in-8°, dédiée à Colbert,
et surtout de Christophe Arnold, Nuremberg, 1667,
sumtibus M. et J. F. Endterorum, sont d'une mé-
diocre valeur.

L'édition de Michael Hadrianides est la première
qui comprenne tout ce qui nous reste de Pétrone ;
on y trouve en effet, avec le festin de Trimalchion,
les extraits antérieurs dans l'ordre où ils sont aujour-
d'hui reproduits. En voici le titre : *Titi Petronii*

---

1. Jean Scheffer, né à Strasbourg en 1621, fut professeur d'éloquence et de droit public à Upsal et bibliothécaire de l'académie
de cette ville, où il mourut en 1679.

2. Th. Reines, savant médecin, philologue et antiquaire, né à
Gotha en 1581, mort à Leipzig en 1667.

Arbitri equitis Romani Satyricon, cum Fragmento nuper Tragurii reperto. Accedunt diversorum Poetarum Lusus in Priapum, Pervigilium Veneris, Ausonii Cento nuptialis, Cupido crucifixus, Epistola de Cleopatra, et alia nonnulla. Cum Commentis et Notis Doctorum Virorum illustrata. Concinnante Michaele Hadrianide. Amstelodami, Typis Joannis Blaou, 1669, 8°.

En 1670, les frères Guillaume et Jean Blaou publièrent une nouvelle copie soigneusement collationnée par Lucius du manuscrit de Trau [1] avec l'apologie de Marinus Statilius, sous ce titre : *Integrum Titi Petronii Arbitri Fragmentum ex antiquo codice Traguriensi Romae transcriptum, cum Apologia Marini Statilii.* Amstelodami, Typis Joannis Blaou, 1670, in-8°. — Réimprimé en 1671.

Jean Blaou dédia ce volume au grand Condé, chez qui avait été porté le premier exemplaire de l'édition de Padoue qui était parvenu à Paris. Une nouvelle édition du Pétrone de Michael Hadrianides a été donnée à Amsterdam en 1687 [2].

En vingt-cinq années, de 1668 à 1693, jusqu'à la publication par Nodot du prétendu fragment de Belgrade, il y a douze éditions du *Satiricon*. Les Elzé-

---

1. Voir la lettre de Jean Lucius à Guillaume et Pierre Blaou, du 14 novembre 1668, dans Burmann, éd. de 1709, p. 307.

2. Fabricius, *Bibl. lat.*, t. II, l. II, p. 159, éd. de 1773.

vier n'en ont imprimé qu'une ; c'est celle qui est intitulée : *Titi Petronii Arbitri Equitis Romani Satiricon*, Johannes Boschius ad scriptorum exemplarium fidem castigavit et notas adjecit. Amstelodami, apud Adrianum Guesbequium, 1677, petit in-24. Ce volume sort des presses de Daniel Elzevier[1].

La mort empêcha Nicolas Heinsius de mener à bonne fin l'édition à laquelle il travaillait. Les notes qu'il avait laissées ont été utilisées par Burmann[2].

La publication du fragment de Trau (*codex Traguriensis*) fit grand bruit dans le monde littéraire. « Il s'éleva, écrit Basnage[3], une espèce de guerre civile dans la république des lettres, pour les droits et les prétentions de ce fragment ; les uns contestèrent son adoption, les autres tâchèrent de la lui assurer. » J. Wagenseil, de Nuremberg, et Adrien de Valois combattirent avec vigueur l'authenticité du manuscrit[4]. Mais elle fut vaillamment défendue par Mentel et par Pierre Petit, ainsi que par l'abbé

---

1. *Supplément* à l'ouvrage de Willems par F. Berghmann, p. 31, n° 75.

2. Voir la *Préface* de l'éd. de 1709.

3. *Histoire des ouvrages des savants*. Novembre 1692, 2ᵉ éd., 1697. Amsterdam, chez Reinier Leers, p. 117 sq.

4. *Hadriani Valesii Histor. Regii et Joh. Christophori Wagenseilii de cena Trimalcionis nuper sub Petronii nomine vulgata dissertationes.* — Paris, Edmond Martin, 1666.

Gradi, bibliothécaire du Vatican. Ces deux derniers avaient pris tous deux le pseudonyme de Marinus Statilius [1].

On trouve, à la suite du Pétrone de Burmann, les principales dissertations des savants de cette époque sur cette question, à laquelle les gens du monde eux-mêmes ne demeurèrent pas indifférents [2]. Condé, qui goûtait fort Pétrone [3], avait réuni en 1668 [4] plusieurs littérateurs pour recueillir leurs avis au sujet

---

1. Pétrequin, *op. cit.*, p. 75, note 4, distingue avec raison deux opuscules publiés sous le nom de Marinus Statilius. Le premier : *Responsio ad J.-C. Wagenseilii et H. Valesii dissertationes de Traguriensi Petronii fragmento*, imprimé à Paris en 1666, est du médecin Pierre Petit. Le second : *Apologia ad patres conscriptos reip. litterariæ Marini Statilii Traguriensis*, envoyé de Rome par J. Lucius aux frères Blaou, fut imprimé par eux à Amsterdam en 1669. Il est attribué avec vraisemblance à l'abbé Gradi. Voir ces deux pièces dans Burmann, pp. 324 et 342.

2. Voir aussi le nouveau *Menagiana* (t. I, p. 263).

3. « Saint-Évremond... appelé auprès de M. le Duc (Condé), reçut devant Allerheim un coup de fauconneau dans le genou ; et quand, à Phillisbourg, au mois de septembre 1645, après un terrible accès de fièvre chaude, Anguien reprit connaissance, il vit couché à côté de lui le lieutenant de ses gardes (Saint-Évremond était enseigne au régiment de Champagne). Cloué sur son lit, celui-ci pouvait tenir un livre, et tout le jour il faisait la lecture : Rabelais, d'abord que M. le Duc ne goûta guère, puis Pétrone, qui le divertit beaucoup : qu'on s'imagine Pétrone commenté par l'épicurien le plus raffiné du siècle ! » Duc d'Aumale, *Histoire des princes de Condé*. Paris, Calmann-Lévy, 1889, t. V. p. 42.

On a dit aussi, mais rien n'est moins prouvé, que Condé pensionnait un lecteur chargé exclusivement de lui expliquer le *Satiricon*, Galaup de Chasteuil, selon Pétrequin.

4. Cette même année la question fut également discutée en un conseil de savants qui se tint à Venise chez le sénateur Grimani.

de l'authenticité du nouveau fragment et assistait à
leurs conférences [1].

Au nombre de ceux qui la révoquaient en doute,
on doit placer l'oracle de la critique d'alors, Jean
Chapelain. Sa correspondance [2] nous entretient de la
découverte du fragment, des espérances qu'elle a
fait naître, des déceptions causées par la brièveté
d'un morceau qu'il juge d'ailleurs apocryphe. A
M. Heinsius, 15 novembre 1663 : « Je viens de re-
cevoir une lettre de M. Medon qui a grande joye de
la nouvelle du Pétrone, quoyque je ne la luy aye
assurée que douteusement, dont ny vous ny moy ne
voullons estre appellés en garantie. » (P. 337.) A
M. Heinsius, 20 décembre 1663 : « Je doute tous-
jours de la vérité de cette trouvaille du Pétrone, et,
quand elle seroit véritable, je doute que l'Inquisi-
tion souffre qu'on l'imprime delà les monts. C'est un
grand mal qu'il ait esté porté à Rome plustost qu'à

---

1. La Porte du Theil (Manuscrit, t. I, p. 414) a copié sur une
édition du Pétrone de Scheffer appartenant à la Bibliothèque nationale une pièce latine du P. Vavasseur, où il reproche à Condé
d'avoir cru à l'authenticité du fragment de Trau. Le titre fait mention
des conférences auxquelles celui-ci prit part : *Vavassorii S. J. Piri
Epigramma de novo Fragmento, sive panno assuto purpurae Petronii.* Ad Ludovicum Borbonium, Principem Condaeum qui, in
consessu eruditorum dignitateque illustrium virorum, censuerat
fragmentum novam non alterius quam Petronii.

Cf. Moréri. Art. *Pétrone.*

2. *Lettres* de Jean Chapelain, publiées par Tamizey de Larroque
Imprimerie nationale, 1883, t. II.

Venise ou à Leyde. L'ignorance bigote est bien dangereuse en ces rencontres-là. » (P. 343.) Mais sa désillusion est prompte. Il écrit à Heinsius le 16 mars 1664 : « Nous sommes tombés de bien haut touchant cette nouvelle de Pétrone, puisque tout ce trésor n'aboutit qu'à un petit fragment et peut estre encore sujet à caution » (p. 352) ; et à M. de Medon, 8 avril 1664 : « La fortune ne fait guères de miracles... Nous avons trop aisément creu celuy de Pétrone ressuscité, et notre crédulité nous a fait passer son ombre pour son corps. » (P. 358.) Il partage finalement l'opinion de MM. de Valois qui jugent ce fragment supposé [1]. A Ferrari, 30 septembre 1666 : « Pour le fragment prétendu de Pétrone, j'eusse juré que vous estiés de l'opinion que vous m'avés fait la grâce de m'escrire, et c'est selon moy une grande supériorité d'esprit à ceux des nostres qui ont avalé cette pillule sans la rejetter. Ne croyés pas que le nombre en soit fort grand, quoyque celui qui l'a publié ait trouvé ou payé un apologiste contre les dissertations de MM. Waghenseil et Valois. Je ne conte mon suffrage en cette matière pour aucune chose. Je suis pourtant flaté de m'estre trouvé du bon parti. » (P. 484.)

Quoi qu'en dise ici Chapelain, l'authenticité du

---

1. Voir le *Valesiana*, p. 90, 183, sq.

fragment de Trau devait être bientôt acceptée par l'immense majorité des savants et aujourd'hui elle ne soulève plus la moindre contestation.

On apprend aussi par la correspondance de Gui Patin, un grand admirateur de Pétrone, à quel point la découverte et la publication du nouveau fragment piquaient la curiosité des lettrés.

Il écrivait, le 12 septembre 1664, à Falconet [1] : « Le fragment de Pétrone n'est point encore achevé », et le 17 octobre 1664 : « Il y a quatre mois que le fragment trouvé en Dalmatie et imprimé à Padoue est entre les mains de l'imprimeur des Jésuites, qui l'a enfin imprimé ; mais il s'est avisé... d'en avoir un privilège. J'ai peur que cela nous tienne encore longtemps, et ne nous empêche de lire une chose si curieuse, et même je ne sais si M. le Chancelier en voudra donner un privilège, se laissant épouvanter par ce nom de Pétrone, qui a dit tant de bons mots en sa vie. »

A diverses reprises, dans sa correspondance, Gui Patin proteste contre la cagoterie du siècle présent, qui est un obstacle à l'impression du Pétrone de J. P. Lotichius (Lettre à Spon [2], 7 février 1648, t. I,

----

1. Ed. Réveillé-Parise, t. III, p. 482. — Paris, J. B. Baillière, 1846.

2. Le médecin Jacob Spon, savant antiquaire lyonnais, était allé voir à Trau même le fragment de Pétrone récemment découvert. Il fut un de ceux qui contribuèrent le plus à en faire reconnaître l'authenticité.

p. 374; et Lettre à M. de Tournes, marchand libraire, 1er avril 1657, t. I, p. 263) : « Il avoit eu le dessein de le faire réimprimer ici avec toutes ses augmentations in-folio ; mais je répondis qu'il étoit impossible, y ayant ici trop de moines, de jésuites et autres gens ennemis des belles-lettres, qui croiroient avoir gagné les pardons s'ils avoient empêché une telle impression. »

Plus d'une fois aussi, Gui Patin cite Pétrone (Lettre à Ch. Spon, du 18 novembre 1650, t. II, p. 59) :

Curia venalis, venalis curia patrum. (Ch. 119.)

Au même (lettre du 23 février 1655, t. II, p. 150) :

Quid faciant leges, ubi sola pecunia regnat[1] ? (Ch. 14.)

Reproduisons enfin un curieux passage d'une lettre qui nous montre Gui Patin faisant servir Pétrone à l'éducation d'un jeune homme. Le choix de l'auteur et du morceau est, on le reconnaîtra, d'une pédagogie fort aventureuse. (Lettre à Falconet, t. III,

---

1. Cf. encore *ibid.*, t. III, pp. 310 et 534, et *Naudæana et Patiniana* (1703) p. 57. « Le nombre des médecins en France est si grand qu'il est plus aisé de rencontrer un médecin qu'un homme, comme disait Pétrone à l'occasion des Dieux des Romains » Cf. *Satir.* c. 17. Dans une lettre du 21 septembre 1666, t. III, p. 613, Gui Patin commet une erreur quand, à propos de Tanneguy Lefebvre, il écrit : « Notre conversation fut fort mêlée, mais, comme a dit Pétrone, « *erudito luxu.* » Or cette expression est de Tacite qui l'applique, il est vrai, à Pétrone.

p. 129 ; 25 avril 1659.) « J'ai été voir M. le Sanier, qui fait tout ce qu'il peut pour votre fils et pour le faire étudier diligemment. Aujourd'hui, avant midi, il est venu étudier avec moi ; je lui ai fait lire dans les lettres de Plassac [1], qui étoient sur ma table par hasard, un beau chapitre de cette bonne femme, dont le conte est si plaisant dans Pétrone : *Mulier quædam Ephesi tam notæ erat pudicitiæ,* etc., et après qu'il l'a vu en françois, je le lui ai fait lire en latin dans Pétrone même ; après, je lui ai dit qui étoit Pétrone, et que c'étoit que son livre qui nous reste, *exempta dumtaxat ex magno opere,* et sa mort, que je lui ai fait lire dans les *Annales* de Tacite, dont il m'a promis de lire le XVᵉ et le XVIᵉ livre des *Annales,* où il verra cette grande conspiration contre Néron, laquelle fut malheureusement découverte, la mort de Sénèque et enfin celle de Néron même [2].

« Il a écrit *de Petronio* dans son cahier, et m'a dit qu'il étoit bien aise de savoir cette histoire *de matrona illa Ephesina.* Je l'ai averti qu'il ne la faut jamais réciter en compagnie de femmes : *ne aliqua ex illis, animal natura sua superbum, serio indignetur.* Voilà où nous en sommes. »

---

1. Correspondant de Balzac.

2. Gui Patin oublie que nous n'avons pas la partie des *Annales* où était racontée la mort de Néron.

Nous allons voir, dans la seconde moitié du xvii⁰ siècle, non seulement les érudits ou les gens lettrés, mais la société polie elle-même prendre de plus en plus goût à Pétrone. Nous sommes loin du temps où c'était presque une injure de dire de quelqu'un qu'il lisait le *Satiricon*. Mais, avant d'étudier l'influence de cette œuvre sur plusieurs écrivains de cette époque, il nous en faut énumérer les traductions françaises.

La première en date est celle de l'abbé de Marolles. Ce translateur insipide et déplorablement fécond fait imprimer en 1654, à la suite de la troisième édition de sa version de Lucain, une traduction en prose du *poème* de Pétrone *sur le changement de la République romaine* (Paris, chez Guillaume de Luyne, 1654, in-8), « traduction plate et peu fidèle », ajoute à bon droit Goujet[1]. Il donna en 1667 le même *poème* en vers français[2] avec l'embrasement de Troie (*Trojæ halosis*[3]) et d'autres poésies mêlées à la prose du *Satiricon*. Enfin, en 1677, il publia la traduction du *Festin de Trimalchion*. (Paris, in-8°.)

En 1687, il parut, sous la rubrique de Cologne, une nouvelle traduction française de Pétrone. Elle est

---

1. *Bibliothèque française*, t. VI, p. 208.

2. *Le Pétrone en vers*, traduction nouvelle par M. L. D. B. (lettres qui cachent le nom de Michel de Marolles). Paris, chez Claude Barbin, au Palais, sur le second Perron de la Sainte-Chapelle, 1667, in-12.

3. Réimprimé à la suite de son *Virgile* en vers.

anonyme. L'abbé Goujet, qui la décrit et l'analyse [1], n'en fait pas connaître l'auteur. En voici le titre : *Pétrone. Traduction nouvelle, avec des observations sur les endroits les plus difficiles.* A Cologne, chez Pierre Marteau, 1687, petit in-12 [2]. Elle comprend une préface (7 pages), la traduction (p. 1 à 192), commençant ainsi : « Ces déclamateurs ne sont-ils pas possédez d'une autre sorte de fureur ? qui avec un tein frais et vermeil, crient à pleine tête : Voilà les blessures que j'ay recoues pour la liberté publique !... » — A la fin de la traduction se trouvent des observations sur les endroits les plus difficiles, non paginées.

La même traduction, avec un titre identique, reparaît en 1689 à Anvers chez François Ducoin (pet. in-12) [3]. En réalité, elle ne forme avec l'édition de 1687 qu'une seule et même édition. On a simplement changé le frontispice [4] et la date en substituant *Anvers* à *Cologne* et *Ducoin* à *Marteau*, noms probablement de fantaisie. Car, selon Goujet [5], le volume aurait été imprimé en France.

---

1. *Bibliothèque française,* t. VI, p. 210.

2. Bibl. nat., Z 17085.

3. Bibl. nat., Z 17086. A l'intérieur, *Ex-libris* de Huet, évêque d'Avranches,

4. Il y a une légère différence dans la gravure qui se trouve sur le titre. Dans l'exemplaire de Cologne, on voit une sphère avec le zodiaque, dans celui d'Anvers, une sphère sans zodiaque.

5. *Biblioth. française,* t. VI, p. 426 (cf. Pétrequin, *op. cit.,* p. 141).

« L'anonyme veut que l'on regarde cette traduction comme un fruit de ses amusements, qu'il n'avait point dessein de faire paraître, que le seul plaisir lui avait fait entreprendre, *et qu'il a sacrifié de bon cœur à la censure publique, sans prétendre tirer vanité de son ouvrage...* Il n'en conseille pas la *lecture à ceux qui ne se sentiraient pas assez de vertu pour regarder sans émotion la peinture que Pétrone fait des débauches de son temps...* » Goujet, que nous citons [1], s'étonne que, malgré cet aveu, « l'auteur des *Fragments d'histoire et de littérature,* imprimés à La Haye en 1706, ait osé dire que *d'un auteur très impur, le traducteur a trouvé le secret d'en faire un poëte qui peut même être lu par les dévotes dans leurs moments de délassement ... et qu'il en a fait une traduction trop chaste...* Il a plus de raison lorsqu'il dit que cette version est quelquefois infidèle, et le peu qu'il y reprend mérite en effet d'être censuré [2]. »

---

1. *Bibliothèque française,* t. VI, p. 210, 211.

2. Les auteurs de l'*Histoire littéraire de la France* par les Bénédictins. (Paris, 1739, t. I, partie 1, p. 206), jugent ainsi cette traduction anonyme :

« Le Traducteur avoue avoir trouvé dans son travail deux embarras particuliers : la crainte de salir l'imagination de ses lecteurs et la difficulté de bien entendre et d'exprimer plusieurs endroits de Pétrone. Il a surmonté le premier en supprimant les ordures les plus grossières, et l'autre en y suppléant par des paraphrases : ce qui l'a obligé de faire des observations qu'il a mises à la fin de sa

Pétrequin reproduit l'hypothèse de Péricaud [1], selon lequel cette traduction aurait pour auteur Chalvet, avocat et assesseur à Marseille. Il se fonde sur une note du *Mercure galant,* dans son *Extraordinaire* du quartier de Juillet 1678, où l'éditeur Amaulry annonce que M. Chalvet, avocat à Marseille « doit donner au public, *avant qu'il soit peu,* la traduction de ce qui nous reste des œuvres de Pétrone ». Mais cette hypothèse n'est pa. fondée. La traduction de Chalvet est distincte et existe à la Bibliothèque nationale [2]. C'est un manuscrit petit in-fol. de 397 pages. Elle commence ainsi : « Ne faut-il pas qu'il y ait quelque trouble et quelque désordre dans l'esprit de ces déclamateurs qui s'enrument sur les bancs d'une classe à force de crier : Voilà, Messieurs, les coups que jay essuyés... » A la suite est la traduction en vers français du poème de la *Guerre civile,* intitulée : Traduction de la Pharsale de Pétrone, qui commence par : Orbem jam totum victor Romanus habebat (chapitre 119).

Une note mise en marge porte : « Cette traduction est de M. Lavocat Chalvet de Marseille. » Les nu-

---

traduction. Il a aussi laissé deux poèmes de son auteur sans les traduire. »

1. *Curiosités littéraires, Plutarque et Pétrone.* Lyon, 1862, in-8°.

2. Pétrone (Traduction de la satire de), xviie s. Nouv. acq. françaises, n° 833.

méros des chapitres du texte latin sont indiqués en marge. La première indication de ce genre est au folio 1. Elle porte : « Boschii page *i*. » En marge, il y a quelques brèves explications sur le sens de certains mots latins.

Ce manuscrit, qui a appartenu à un antiquaire d'Aix-en-Provence, n'est qu'en partie inédit. La traduction en vers du poème de la *Guerre civile* par Chalvet a été publiée par Herbert, à Marseille, en 1865, in-8°.

« On prétend, dit Goujet[1], que François Galaup de Chasteuil, Provençal, homme de beaucoup d'esprit... avait traduit tout ce qui nous reste de Pétrone. Était-ce en vers ou en prose ? Je ne le sais pas. Sa traduction est demeurée manuscrite. » Un court fragment de cette traduction est cité dans le tome VIII de la *Continuation* (par Desmolets ?) des *Mémoires de Littérature et d'Histoire* (de Sallengre ?) Paris, 1729[2].

D'autres traductions ou n'ont pas été achevées ou

---

1. *Bibl. française*, t. VI, p. 228.

2. Pétrequin, *op. cit.*, p. 153.
Ou peut lire dans *Le Drame des poisons* de M. Funck-Brentano (Paris, Hachette, 1900, p. 108-110) la vie vraiment fantastique de ce Galaup de Chasteuil (né à Aix en 1625, mort à Verceil en 1672), alchimiste et chercheur de pierre philosophale, chevalier de Malte, capitaine des gardes du grand Condé, major du régiment de la Croix-Blanche de Savoie, prieur des Carmes, etc. Il avait fait d'autres traductions d'auteurs sacrés et profanes, des petits prophètes, de la *Thébaïde* de Stace, etc.

sont restées inédites. Tel est le cas de celles qu'avaient entreprises Lainez (1650-1710) et Nicolas Venette, médecin de La Rochelle (1632-1698), connu surtout par son *Tableau de l'amour conjugal*. Bayle écrivait de Rotterdam à Mathieu Marais le 13 octobre 1701 : « J'ai bien de l'impatience sur le *Pétrone* de M. Laisné [1], après tout ce que vous m'en dites. Celui de Venette n'a pas encore paru [2]. » Fabricius paraît bien être dans le vrai quand il dit que ni l'une ni l'autre de ces traductions n'ont vu le jour [3], quoique Goujet prétende que celle de Venette a été imprimée à Amsterdam en 1697, in-12 [4]. Mais il ajoute que nul n'a pu la trouver [5].

Les débats sur l'authenticité du fragment de Trau, auxquels prit part l'Europe érudite, les éditions et traductions qui se succédèrent nombreuses en peu d'années, ne pouvaient manquer de rappeler en France l'attention publique sur le *Satiricon*.

---

1. Voir aussi l'*Avant-propos des poésies de Lainez*. La Haye (Paris), 1753, in-8°, imprimées par les soins de Titon du Tillet.

2. Lettre CCLXII. *Œuvres de Bayle*. La Haye, 1737, t. IV.

3. *Non viderunt lucem quod sciam. Bibl. lat.*, éd. in-8°. Venise, Coleti, 1728, t. I, l. II, ch. 11, p. 461.

4. *Bibl. française*, t. VI, p. 212 et 427.

5. On a prétendu que Venette avait fait imprimer à Amsterdam, en 1696, un vocabulaire composé par lui pour l'intelligence du texte du *Satiricon*. Je n'en ai retrouvé aucune trace. Au surplus, les auteurs de l'*Histoire littéraire de la France*, t. I, 1re partie, p. 207, disent que ce vocabulaire est demeuré manuscrit.

Le passage suivant de Huet[1] suffirait à nous apprendre en quelle estime Pétrone est tenu alors. « On est, dit-il, si fort prévenu en sa faveur que tout en plaist, parce qu'on croit que tout en doit plaire. Pour moi, j'ose dire, avec la permission de ses admirateurs, que s'il avoit esté plus honneste, il aurait été moins lu et moins estimé, et que son obscénité a fait dans l'esprit de plusieurs la meilleure partie de son mérite[2]. »

On ne se contente pas de lire, de traduire et de goûter Pétrone ; on le prend pour modèle. En 1665 avait paru l'élégante et spirituelle imitation du conte de la *Matrone d'Éphèse*, par Saint-Évremond (conte ajouté aux *Nouvelles en vers*, par M. de L. F., Paris, Claude B⋅ ⋅n, 1665, in-12, p. 33-60), réimprimée à la suite du *Jugement sur Sénèque, Plutarque et Pétrone*. (Claude Barbin, 1670, in-12, p. 111 à 127). Tout le monde sait comment La Fontaine a fait sien ce joli conte de la *Matrone d'Éphèse* ; sa charmante

---

1. *Lettre de M. Huet à M. de Segrais. De l'Origine des romans.* 2e éd. Paris, Mabre-Cramoisy, 1678, p. 115.

2. Tout en considérant encore l'œuvre de Pétrone comme une « raillerie fine et piquante contre les vices de la cour de Néron », p. 112, Huet a judicieusement apprécié le *Satiricon*, en ce qu'il fait observer que c'est une *Ménippée* et en ce qu'il lui donne le nom de roman. Il reproche au style de Pétrone quelque affectation : « Il est, dit-il, un peu trop peint et trop étudié, et il dégénère trop de cette simplicité naturelle et majestueuse de l'heureux siècle d'Auguste. »

et originale imitation parut en 1682, à la suite du
Poëme du Quinquina (chez Denis Thierry et Claude
Barbin, p. 57 à 72). Nous nous bornerons à en rap-
peler le début :

> S'il est un conte usé, commun et rebattu,
> C'est celuy qu'en ces vers j'accommode à ma guise.
>> Et pourquoy donc le choisis-tu ?
>> Qui t'engage à cette entreprise ?
> N'a-t-elle point déjà produit assez d'écrits ?
>> Quelle grâce aura ta matrone
>> Au prix de celle de Pétrone ?
> Comment la rendras-tu nouvelle à nos esprits ?
> Sans répondre aux censeurs, car c'est chose infinie,
> Voyons si dans mes vers je l'auray rajeunie.
>> Dans Éphèse il fut autrefois, etc.

Ce conte de la *Matrone d'Éphèse* est aussi porté à
la scène. Dès 1614 on avait joué au théâtre français
l'*Éphésienne*, tragi-comédie en cinq actes et en vers,
avec chœurs, par Pierre Brinon, conseiller au parlement de Normandie [1]. *La Matrone d'Éphèse* ou *Arle-
quin Grapignan*, comédie en trois actes, en prose,
par Nolant de Fatouville, est représentée pour la première fois par les comédiens italiens du roi dans leur
hôtel de Bourgogne, le 12 mai 1682. « Une seule
scène, dit M. Regnier (*op. cit.* p. 66), se rattache à

---

1. Voir l'analyse de cette pièce dans l'*Histoire du théâtre français*, des frères Parfait. Paris, 1745, t. IV, p. 188.

notre conte, dont elle est la parodie, celle qui est intitulée : *Scène du compliment et de la bouteille* [1]. »

La dissertation, déjà citée, de Saint-Évremond
prouve tout particulièrement de quelle faveur jouis-
sait Pétrone auprès de certains esprits. Sainte-Beuve
(*Port-Royal*, t. III, p. 438) a bien fait voir les affinités qui existent entre l'aimable épicurien et le romancier latin. Saint-Évremond ne tarit pas en
éloges sur les mérites de Pétrone [2] : « Il est, dit-il,
« admirable partout, dans la pureté de son style,
« dans la délicatesse de ses sentiments. Mais ce qui
« me surprend davantage, c'est cette grande facilité
« à nous donner ingénieusement toute sorte de carac-
« tères... Pétrone, d'un esprit universel, trouve le
« génie de toutes les professions et se forme comme
« il lui plaît à mille naturels différents... S'il intro-

---

1. Il n'y a aucune vraisemblance dans l'hypothèse émise par
M. Casimir Morawski (*L'Éos* de Lomberg, t. I, 1894), que Molière,
pour le caractère de son bourgeois gentilhomme, se serait souvenu
de Trimalchion. Je ne trouve non plus aucun rapport entre la *Cena
Trimalchionis* et le *Repas ridicule* de Boileau, qui a paru en 1665,
l'année d'après la publication du fragment de Trau. La satire de
Boileau s'inspire uniquement d'Horace et de Régnier; mais j'admets
cependant que le bruit fait autour de la *Cena* ait pu lui suggérer
l'idée de composer, lui aussi, un *festin ridicule*.

2. Sa mort lui semble « la plus belle de l'antiquité ». *Jugement sur
Sénèque, Plutarque et Pétrone*, p. 22. Il écrit au comte d'Olonne
après sa disgrâce, en 1674 : « Que les malheureux ne cherchent
pas dans les livres à s'attrister de nos misères, mais à se réjouir de
nos folies. Par cette raison, vous préférerez à la lecture de Sénèque,
de Plutarque et de Montaigne, celle de Lucien, de Pétrone, de Don
Quichotte. » (*Œuvres*, éd. de 1726, Amsterdam, t. III, p. 160.)

« duit un déclamateur, il en prend si bien l'air et
« le style, qu'on dirait qu'il a déclamé toute sa vie...
« Tout ce que peut faire un sot ridiculement magni-
« fique dans un repas, un faux délicat, un imperti-
« nent, vous l'avez sans doute au festin de Trimal-
« cion... Il n'y a naturel, il n'y a profession dont
« Pétrone ne suive admirablement le génie. Il est
« poète, il est orateur, il est philosophe quand il lui
« plaît... Mais ce que Pétrone a de plus particulier,
« c'est qu'à la réserve d'Horace en quelques odes, il
« est peut-être le seul de l'antiquité qui ait su parler de
« galanterie... Nous n'avons point de roman qui nous
« fournisse une histoire si agréable que la *Matrone*
« *d'Éphèse*; rien de si galant que les poulets de Circé
« et de Poliénos, et toute leur aventure, soit dans
« l'entretien, soit dans les descriptions, a un carac-
« tère fort au-dessus de la politessse de notre siècle[1]. »

C'est contre l'excès d'une telle admiration que
Boileau croit devoir protester par ces vers :

Quoi qu'en ses beaux discours Saint-Évremond nous prône,
Aujourd'hui j'en croirai Sénèque avant Pétrone[2].

---

1. *Op. cit.*, p. 48 et *passim*. Au tome X 39°, p. 199-203, du Recueil
Conrart (Bibliothèque de l'Arsenal) sous le titre : *Sentimens de
M. Conrart sur Sénèque, Plutarque et Pétrone*, on ne trouve que la
transcription pure et simple de quelques pages de Saint-Évremond.

2. *Sat.* XI, v. 69. « Il a fait une dissertation dans laquelle il donne
la préférence à Pétrone sur Sénèque. » (Note de Boileau.)
On lit dans l'Introduction des *Journal et Mémoires* de Mathieu

Au tome Ier des *Mélanges curieux des meilleures pièces attribuées à M. de Saint-Évremond* (Amsterdam, chez Covens et Mortier, 1726), p. 71-116, sous ce titre : *Fragment de Pétrone*, on trouve une imitation libre et une copieuse paraphrase [1] du morceau contre les déclamateurs (*Satiric.*, 1, 2), mêlée de fragments de traductions et suivie du conte de la *Matrone d'Éphèse*. Dans sa préface, l'éditeur dit en parlant de ces deux pièces et d'une autre intitulée : *De l'Usage de la vie :* « Les trois pièces contiennent « des réflexions très sensées. On m'avait assuré « qu'elles étaient de M. de la Valterie, qui nous a « donné une traduction d'Horace, de Juvénal et « de Perse ; mais il y a quelque lieu d'en douter » (p. V) [2].

Venons à un écrivain qui fut, au XVII° siècle, considéré comme l'héritier le plus direct de Pétrone, à Bussy-Rabutin, dont Vigneul-Marville a pu écrire : « M. de Bussy-Rabutin était du côté du sang d'une

---

Marais par M. de Lescure (Paris, F. Didot, 1863) p. 18 et 25 : « Il existe une conversation de Boileau du 12 décembre 1703, recueillie et notée par M. Marais, tombée parmi les papiers de Brossette dans les cartons d'une collection célèbre...... On y trouve, entre autres choses, une courte et vive dissertation sur Pétrone. »

1. « J'ai, dit l'auteur, l'esprit tellement né pour la liberté qu'il n'est pas en mon pouvoir de l'assujettir aux règles d'une traduction fidèle. C'est pourquoy j'ai pris la hardiesse de lier les sens interrompus de Pétrone par des choses qui sont purement de moi. » (p. 74).

2. Goujet (*Bibl. française*, t. I, p. 359) n'hésite pas à désigner La Valterie comme le traducteur de ces morceaux.

« ancienne noblesse de Bourgogne ; du côté de l'es-
« prit, il descendait d'Ovide et de Petronius Arbiter,
« chevalier romain, dont il nous reste une fameuse
« satire en langue latine [1]. » C'est à peu près à
l'époque où paraissait le fragment retrouvé à Trau,
que Bussy-Rabutin était enfermé à la Bastille
(17 avril 1665), à la suite de la publication faite en
Hollande, sans son aveu, de l'*Histoire amoureuse des
Gaules*, dont plusieurs passages sont imités de Pétrone. L'épisode d'Ardélise et Trimalet (la comtesse
d'Olonne et le comte de Guiche) [2] traduit par endroits
presque littéralement l'aventure de Polyænos et de
Circé (ch. 127 à 132). Bussy a pris aussi à Pétrone
le nom de Giton, qu'il donne au comte de Mani-
camp. A cela se bornent les emprunts directs de
Bussy au *Satiricon*. Mais, en d'autres parties encore,
il semble s'être inspiré de l'esprit de Pétrone, au
point que Sainte-Beuve a pu dire qu'il se l'est proposé pour modèle et pour idéal [3]. Il y a toutefois
cette différence essentielle entre l'*Histoire amoureuse des Gaules* et le *Satiricon*, que celui-ci n'est
qu'un roman, et que l'autre est un pamphlet, une

---

1. *Mélanges d'histoire et de littérature*, 1600, p. 273. (Paris, Besoigne.)

2. *Histoire amoureuse des Gaules*, éd. Livet. Paris, Jannet, 1856, t. I, p. 122-130.

3. *Causeries du lundi*, t. III, p. 372.

chronique scandaleuse où, sous des noms supposés, Bussy met en scène plusieurs grandes dames de son temps et leurs amants. Ceux que cet esprit méchant et caustique attaquait, sous de transparents pseudonymes, n'avaient aucune peine à se reconnaître [1].

Bussy n'en reste pas moins l'écrivain du XVIIe siècle que le plus souvent, et à juste titre, on a rapproché de Pétrone. Charles Perrault (*Parallèles des anciens et des modernes.* Coignard, 1690, t. II, p. 127) ne craint pas de le mettre, pour la politesse, au-dessus de l'arbitre de l'élégance. « Mais, ajoute-t-il, son livre ne mérite pas moins d'être supprimé pour ses médisances que celui de Pétrone pour ses obscénités. » Bussy avait, lui aussi, traduit la *Matrone d'Éphèse*[2]. Il écrit le 21 août 1677 à Corbinelli : « Je vous envoie une traduction de la *Matrone d'Éphèse*. Le grand nombre de traductions qui en ont paru ne

----

1. Cf. la note de Boileau au vers 42 de la Sat. VIII :

> J'irais, par ma constance aux affronts endurci,
> Me mettre au rang des saints qu'a célébrés Bussi !

« Bussy, dans son *Histoire galante*, raconte beaucoup de galanteries très criminelles de dames mariées de la cour. »

2. Nodot prétend que le maréchal de Vivonne, Bussy-Rabutin et le chevalier de Rancé, le futur réformateur de la Trappe, avaient entrepris en commun une traduction de Pétrone qu'ils abandonnèrent ensuite (Cf. d'Artigny *Mémoires d'histoire et de critique*, t. I, p. 351). Pétrequin (p. 153, *op. cit.*) n'ajoute pas foi à cette assertion, qui ne repose en effet sur aucune preuve.

m'ont point rebuté[1]. » Corbinelli loue en ces termes le style de Bussy dans sa relation de la campagne de Mardick (lettre du 8 février 1678)[2] : « Vos paroles, comme dit Pétrone, sont de la couleur de vos pensées et ne sont pas plus vives ni plus fortes. Encore un mot de latin : ... *Ne sententiæ*, dit Pétrone, *emineant extra corpus orationis expressæ, sed intexto vestibus colore niteant.* » (*Satiric.,* ch. 117.) Il lui écrit dans une autre lettre (13 avril 1689)[3] : « J'ai reçu et admiré vos Épigrammes de Martial. Sans vous flatter, vous lui faites beaucoup d'honneur de l'avoir choisi pour lui prêter votre style, qu'Horace et Pétrone méritaient mieux que lui et qu'ils préféreraient assurément à celui de tout autre traducteur. » Un autre ami de Bussy, Grammont, lui adresse une lettre en vers (12 janvier 1696), qui commence ainsi :

> Toi qui, t'étant formé la diction si pure,
> Fais revivre Pétrone et surpasses Voiture,
> Par cet air de la cour naturel et galant,
> Par un génie aisé, par un esprit brillant,
> Bussy, etc.

---

1. M. L. Lalanne, dans son édition de la *Correspondance de Bussy,* dit que cette traduction lui a paru trop insignifiante pour être rapportée.

2. *Lettres de Mme de Sévigné.* éd. Monmerqué, t. V, p. 412.

3. *Ibid.,* t. IX, p. 18.

Citons enfin Saint-Évremond, qui, dans le portrait qu'il a tracé de Bussy, dit[1] : « On ne saurait mieux traduire qu'il a fait quelques endroits de Pétrone. On demeura pourtant quelque temps à reconnaître qu'il n'en était que le traducteur[2]. »

A côté de ces admirateurs déclarés[3], Pétrone rencontre aussi des critiques plus ou moins sévères qui ne condamnent pas seulement son immoralité, mais se montrent même peu indulgents pour son style. Le P. Rapin (*Avertissement* des *Réflexions sur la poétique d'Aristote*, etc., 1674) dit que Pétrone n'a pas luimême cette manière aisée et naturelle qu'il recom-

---

1. Œuvres, éd. de 1726, t. I, p. 205 et suivantes.

2. Sous le titre de : *Comédie galante de Monsieur de B.*, Cologne, Pierre Marteau (s. d.), pet. in-12 de 34 pages, il existe une pièce ignoble : *La Comtesse d'Olonne*, qui met en scène le comte de Guiche, atteint de la même défaillance qu'Encolpe, et qui est toute pleine d'obscènes parodies du *Cid* et de *Phèdre*. Mais cette pièce a été attribuée sans preuve à Bussy et paraît être bien plutôt de P. de Corneille Blessebois, connu par ses écrits sotadiques et auquel conviennent aussi les initiales de B. (V. Catalogue de la Bibl. dramatique de M. de Soleinne par le bibliophile Jacob, 1844, t. II, n° 3432, et Notice sur la vie et les ouvrages de P. de Corneille Blessebois, par Éd. Clédor, 1857.)

3. Dans l'ouvrage obscène attribué à Chorier et qui fut édité vers 1660, à Grenoble, sous ce titre : *Aloisiæ Sigeæ Toletanæ satira sotadica de arcanis amoris et veneris*, Pétrone est nommé. Il figure à côté de Lucilius, Varron, Boccace, Arétin, Rabelais, etc., parmi ceux avec qui Aloisia s'entretient sous un orme touffu dans les Champs Élysées (Introduction). Le livre offre d'ailleurs peu de traces de l'imitation de Pétrone. (V. t. II, éd. de 1770, p. 165. Fragmenta aliquot erotica, *Elegia*. Cf. Pétrone, ch. 132.) Il contient deux citations du *Satiricon*, *Colloquium* II et VII, p. 23 et 26, t. II.

mande tant aux autres : il donne les plus belles règles du monde contre l'affectation, qu'il n'observe pas. Car il affecte jusqu'à la simplicité du style, où il n'est pas toujours naturel [1].

Guéret, dans *La Guerre des auteurs anciens et modernes* (Paris, Girard, traduit en français, 1671), fait parler Pétrone, qui débite en particulier toute la célèbre tirade du début du *Satiricon* contre les déclamateurs [2]. Mais il paye cher quelques éloges : car il lui faut essuyer cette virulente apostrophe que Guéret prête à Juste Lipse : « Est-ce, lui dit-il, à cause qu'on vous appelle l'*Arbitre de la politesse et de l'élégance*, que vous tranchez ici du maître et du réformateur ? Est-ce parce que vous avez dix ou douze scoliastes qui défendent votre latin, que vous voulez abattre le portique de Zénon ? Songez plutôt que vous êtes un impie, qui profanez les Lettres par vos saletés ; songez que les débauches du monstre des Empereurs, et peut-être même les vôtres, ne se lisent qu'avec horreur dans ce malheureux fragment, que la seule perversité des mœurs a fait passer jusqu'à nous, et ne réveillez point contre vos Satyres une indignation qui les a déjà mises en pièces, et qui

---

1. Ailleurs (*Réflexions sur l'Éloquence*, p. 6, t. II, éd. de 1725, La Haye), il donne une citation de Pétrone, « ce critique de si bon sens » : Neque concipere, neque edere, etc. *Sat.*, ch. 118.

2. P. 28 et suivantes.

peut avec justice anéantir tout le reste avec votre nom. Si ma mémoire ne me trompe point, je pense avoir eu pitié de vous en quelque endroit de mes œuvres, je vous ai refait quelque période et rétabli quelque terme corrompu : je ne sais même si, me laissant emporter au torrent, je n'ai point donné quelque éloge à l'élégance de votre diction ; mais, quoi qu'il en soit, je rétracte aujourd'hui tout ce que je puis avoir écrit à votre avantage, et je veux qu'il soit rayé de mes livres. »

C'est ainsi que Pétrone occupait les esprits des lettrés et des gens du monde au XVIIᵉ siècle. La prétendue découverte de nouveaux fragments du *Satiricon*, qui fit grand bruit, allait provoquer sur son nom de très vives discussions et allumer parmi les savants une nouvelle guerre.

Par une lettre datée de Strasbourg le 12 octobre 1690, un officier français, Fr. Nodot, donnait avis à Charpentier, de l'Académie française, qu'il possédait une copie d'un manuscrit contenant des fragments inédits de Pétrone. Ce manuscrit, disait-il, avait été acquis en 1688 à Belgrade par Dupin, officier français au service de l'empereur, d'un renégat grec chez lequel il était logé après la prise de la ville : « Charpentier félicita Nodot de sa découverte le 9 novembre suivant. Beaucoup d'autres savants l'en complimentèrent, en appelant ces nouveaux fragments un rare trésor : les poètes en célébrèrent aussi la découverte dans plusieurs pièces de vers latines et françaises[1]. » (Goujet, *op. cit.*, VI, p. 202.)

Le Pétrone contenant les nouveaux fragments parut d'abord sans nom d'auteur[2]. Il est intitulé : *T. Petronii Arb. eq. rom. Satyricon, cum fragmentis Albæ Græcæ recuperatis anno 1688, nunc demum integrum*, etc. ; Rotterodami, typis Regneri Leers, 1692, in-12, 280 pages.

Deux autres éditions latines succédèrent à celle-ci : 1° *Titi Petronii Arbitri eq. rom. Satyric. cum fragmentis Albæ Græcæ recuperatis anno 1688*. Parisiis, apud Joannem Baptistam Langlois, in aula majore Palatii, ad insigne Angeli Custodis, 1693, 1 v. in-12, 288 pages ; 2° *Titi Petronii Arbitri eq. rom.* etc., Parisiis apud Thomas Moete, cum privilegio regis, 1693[3], 1 v. in-12, 299 pages (7 ff., *restitutiones et errata*[4]).

---

(1) Voir entre autres l'*Épigramme* de Santeuil : *De Petronio restituto*. Pièces liminaires de l'édition de 1693.

2. Pour plus de détails, v. Pétrequin, *op. cit.*, p. 116 sq.

3. L'erreur relevée par Pétrequin, p. 122, note 60 (1683 au lieu de 1693) n'existe pas dans mon exemplaire.

4. On peut énumérer encore, comme contenant les prétendus fragments de Belgrade, l'édition de 1700, Amsterdam, avec les notes de Boschius, de Reinesius et de Scheffer, 2 vol. in-32, chez Jo. Molten, et l'édition de Jean-André Hosius, Iéna, 1702, in-12, sous ce titre : *Petronius ab omni obscœnitate liberatus*, (id est *castratus*, ajoute la *Notitia literaria* de l'édition Bipontine), *cum brevibus notis*.

La traduction française de Pétrone par Nodot suivit de près les éditions latines de 1693. Elle n'est pas accompagnée du texte et porte ce titre : *Traduction entière de Pétrone, suivant le nouveau manuscrit trouvé à Belgrade, en 1688, avec les remarques.* Cologne, chez Pierre Groth, 1693, 2 vol. in-12, fig. Cette traduction est reproduite avec le texte l'année suivante : *Pétrone latin et français*, traduction entière suivant le manuscrit de Belgrade, en 1688, avec plusieurs remarques et additions qui manquent dans l'édition qui paroît depuis peu, 1694, 2 vol. in-8°, fig., sans nom d'imprimeur, ni de lieu (Grenoble, selon Barbier et d'Artigny). En 1694, Nodot fait paraître également une : *Traduction de plusieurs pièces tirées de Pétrone suivant le manuscrit trouvé à Belgrade en 1688.* Paris, Th. Moete. La traduction de Nodot est réimprimée en 1698, en 1709 [1], en 1713 [2], en 1736 [3] et enfin en l'an VII [4]. A partir de l'édition de 1709, elle porte comme épigraphe ce jeu de mots assez plat : *Nodi solvuntur a Nodo.*

---

1. 2 vol. pet. in-8°, fig. (en Hollande)

2. Paris, 2 vol. in-12, figures.

3. *Pétrone latin et françois...* avec plusieurs remarques et additions, qui manquent dans la première édition. Nouvelle édition augmentée de la Contre-critique de Pétrone. Amsterdam, aux dépens de la Compagnie. 2 vol. in-12, avec figures.

4. *Pétrone latin et français*, traduction entière, etc. Paris, chez Gide, libraire, place Saint-Sulpice, an VII (1799), 2 vol. in-8°, figures.

Cette fraude littéraire souleva dans la république des lettres des polémiques passionnées. Parmi les critiques français, Basnage[1] et Claude-Ignace Breugière de Barante[2] furent des premiers à dénoncer la fraude[3]. Pouvait-on, en effet, attribuer avec quelque vraisemblance à un auteur aussi élégant que Pétrone les impropriétés, les gallicismes, voire même les solécismes dont était émaillé le soi-disant manuscrit de Belgrade ? De même Leibnitz, dès la première nouvelle de cette découverte, est en défiance.

Dès 1692, comme il l'écrit au bibliothécaire de Florence, Magliabechi[4], le numismate français Toinard lui demandait son avis sur la découverte ainsi que sur l'œuvre, et Leibnitz lui répondait : « Vereor ne tota illa res evanescat. Quanquam ea jactura non magna futura foret. Mallem Livium nobis, aut Tacitum integrum dari. » A la date du 12-22 avril 1694,

---

1. *Histoire des ouvrages des savants.* Novembre 1693.

2. Avocat à Riom, où il était né en 1670, et où il mourut en 1745.

3. L'ouvrage de Breugière de Barante, publié sous le pseudonyme de Georges Pelissier, est intitulé : *Observations sur le Pétrone trouvé à Belgrade en 1688 et imprimé à Paris en 1693*, avec une lettre à Monsieur ... sur l'ouvrage et la personne du Pétrone. Paris, veuve Daniel Hortemels, in-12, 1694. Cf. aussi Lettre de M. de ... (J. Georg. de Mougenot, jésuite à Vesoul), sur un livre qui a pour titre : Traduction entière de Pétrone. Cologne, P. Groth, et Grenoble, 1694. V. abbé d'Artigny, *Mémoires*, I, 346.

4. *Leibnitii Opera*, éd. Dutens. (Genève, chez les frères de Tournes, 1768), t. V, p. 97. Lettre des 15-25 février 1693.

il écrit de Hanovre au même Magliabechi[1] : « Ego pro certo habeo supposititia esse quæ (Nodotius) ille nobis venditat, et a genuino Petronio prorsus abhorrentia. »

Dans une lettre beaucoup plus développée qu'il adresse à D. Tentzel[2], après avoir lu les nouveaux fragments dans l'édition de Rotterdam (typis Regneri Leers, 1693, in-12), il signale toutes les invraisemblances du récit de Nodot relatif à la découverte du pseudo-Pétrone ; puis, se bornant au début du prétendu manuscrit de Belgrade, il en fait voir les incorrections, les gallicismes, les impropriétés, les maladresses[3], les anachronismes : il montre avec quelle gaucherie ce fragment est relié à ce qui suit, et les incohérences qui résultent de là. Mais surtout il insiste sur le style ; il n'en est guère qui

---

1. *Ibid.* Ep. XIX, p. 107. — Dans une autre lettre adressée à Magliabechi le 1-11 juin 1692, Leibnitz parle également du nouveau Pétrone (*ibid.*, p. 99). Il y revient dans une lettre *inédite* au même du 8-18 août 1692, et avec plus d'insistance. (Bibliothèque royale de Hanovre. Correspondance de Magliabechi, fol. 104). Voir aussi ses lettres à l'abbé Nicaise, des 15-25 mai 1693 et 2-12 juillet 1694, éditées par Cousin (*Fragments philosophiques*, œuvres de Victor Cousin, 3° partie, t. III, 4° éd. 1847, in-12, d'après les originaux.

2. *Ibid.* Ep. I, ad D. Tentzelium. *De Nodotii fragmentis*, p. 298. (Lettre publiée dans un périodique de Hanovre, les *Monatliche Unterredungen*, fascicule de février 1693, p. 170-175).

3. Il arrive toutefois que, sur un ou deux points, la critique de Leibnitz porte à faux. Ainsi, il qualifie de : *monstrum nominis*, le nom de Fabricius Veiento, qui est mentionné par plusieurs auteurs. (Cf. Tacite, *Annales*, XIV, 50. Pline, *Ep.*, IV, 221, etc.)

ressemblent moins à celui de Pétrone[1]. Comme nous voilà loin « de cette simplicité si élégante, de cette rapidité si alerte, de cette si heureuse hardiesse d'expression ! Ici, tout languit, tout n'est que froideur[2]. » Et les exemples viennent à l'appui, prouvant combien ce clair et ferme esprit a aisément pénétré l'imposture et à quel point il a le sens délicat des beautés propres au style pétronien[3].

Parmi ses dupes, Nodot avait compté, outre Charpentier, les membres des Académies de Nîmes, d'Arles et beaucoup d'autres personnes, qui, dit Burmann, se laissèrent trop grossièrement séduire. Quant à ses adversaires, il essaya de les réduire au silence en composant une *Contre-critique de Pétrone*. Quoiqu'elle fût prête dès 1694, il n'eut, prétend-il, la liberté de la faire paraître qu'en 1700[4]. « Elle est remplie de vivacités, d'injures, de termes méprisants, qui ne peuvent lui faire honneur[5]. » L'argu-

---

1. « Vix alia dictio magis dissidens a Petroniana. »

2. « Est in vero Petronio elegantissimus candor, rotunda velocitas, fortunata verborum audacia. Hic languor et frigus. »

3. Voltaire juge le style de Nodot avec trop d'indulgence quand il écrit : « Les lacunes qu'il a remplies ne sont pas d'un aussi mauvais latin que ses adversaires le disent... Le vrai Pétrone est plein d'expressions pareilles. » *Écrivains du siècle de Louis XIV*, t. 20, p. 147, éd. de Kehl.

4. *La Contre-critique de Pétrone, ou Réponse aux observations sur les fragments trouvés à Belgrade en 1688, avec la réponse à la lettre sur l'ouvrage et la personne de Pétrone*, à Paris, 1700, chez Jean-Baptiste Cusson et Pierre Witte, in-8°.

5. Goujet, *op. cit.*, *ibid.*, p. 204.

mentation en est spécieuse, mais nullement probante, et pour cause.

L'inauthenticité des fragments de Belgrade ne prête plus aujourd'hui à l'ombre d'une contestation. Les débats dont ils furent l'objet à l'époque de leur publication eurent du moins ce résultat d'augmenter encore le nombre des lecteurs de Pétrone. Ainsi, l'année même où le pastiche de Nodot provoque chez les lettrés cette vive polémique, les noms de *Trimalcion* et de *Carpus*, deux personnages du *Satiricon*, apparaissent dans la huitième édition des *Caractères* (chap. XIV, 68). Mais La Bruyère n'avait pas attendu jusque-là pour le lire, puisque, dès la sixième édition, il lui a emprunté le nom de *Giton*[1].

Si nous examinons en elle-même la traduction de Pétrone par Nodot, nous la trouvons évidemment supérieure à celle de Marolles au point de vue de la fidélité. Mais, comme le remarque Héguin de Guerle[2], il semble (ainsi que Lavaur qui viendra après lui), s'être attaché à rendre la lettre, mais non l'esprit de Pétrone : « Toutes les grâces du modèle, toute la vivacité de son coloris disparaissent sous leur pinceau lourd et blafard. »

---

1. Chap. VI, 83.

2. *Avertissement du traducteur*. Œuvres de Pétrone. Garnier, 1861, p. I.

CHAPITRE III

PÉTRONE AU XVIIIᵉ SIÈCLE

Le commencement du XVIIIᵉ siècle voit se continuer la vogue de Pétrone. Il est naturel que l'époque de la Régence lui soit favorable.

Soit à la cour de la duchesse du Maine, soit dans la société galante du Temple, il compte de nombreux lecteurs. Chaulieu écrit :

> Je voudrais voir à cette table
> Ton Bathylle et ton Agathon,
> Et joindre à ce couple adorable
> Mon Giton[1].

La duchesse de Bouillon ne craint pas de citer le centon obscène du ch. 132[2]. Chaulieu, dans une lettre en latin qu'il lui adresse, emprunte plusieurs phrases à la lettre fort libre de Polyænos à Circé[3].

---

1. Couplets d'une chanson faite à un souper chez M. Sonning, sur un air des fragments de Lully, en 1703. (Éd. de 1774, t. II, p. 228.) Dès le commencement du XVIIIᵉ siècle, Giton semble devenu le synonyme de mignon et s'applique à ceux qui pratiquent « l'usage antiphysique », tel le marquis de Courcillon, contre lequel Voltaire écrit, en 1714, l'*Anti-Giton*, dédié à Mⁱˡᵉ Le Couvreur, éd. de Kehl, t. 14, p. 12.

2. V. Lettre de Chaulieu à la duchesse de Bouillon, à Fontenay, le 25 septembre 1712 (t. II, p. 100).

3. Lettre à Mᵐᵉ la duchesse de Bouillon (t. II, p. 101).

« *Fateor me, Princeps, sæpe peccasse; homo enim
sum.* » (Ch. 130.)

C'est sous la Régence que l'abbé de Margon eut la
fantaisie de reproduire à Saint-Cloud le repas de
Trimalchion[1]. Il dépensa à cette petite fête 30 000
livres. Le Régent s'y rendit et en fut charmé[2].

Quelques années auparavant, une représentation
du même festin avait eu lieu à la cour de Hanovre
pendant le carnaval. Leibnitz en fait la description
dans une lettre adressée à la princesse Louise de
Hohenzollern[3]. Le personnage de Trimalchion fut
joué par un neveu de l'électrice de Hanovre, le

---

1. De Guerle, *Questions sceptiques sur Pétrone* (*Magasin Encyclopédique*, an VIII, p. 112).

2. Dans un recueil anonyme publié en 1813 (*le Soupé, les Toilettes et poésies diverses*, Paris), les vers suivants font sans doute allusion à la fantaisie de l'abbé de Margon :

> N'attendez pas que, copiant Pétrone,
> Effrontément ma muse s'abandonne
> A retracer le scandaleux tableau
> De ces soupers, honteuses saturnales,
> Où le Régent, Trimalcion nouveau,
> Dans la débauche et ses fêtes brutales,
> De son génie éteignant le flambeau,
> Déshonorait quelques moments de gloire....
> Et pour sujet ne laissait à l'histoire
> Qu'un nom flétri, ses vices et nos pleurs.

(Cité par Pétrequin, p. 111).
Notre époque a vu se renouveler ces fêtes de la décadence. On
a pu lire, il y a quelques années, dans un journal mondain : « J....
« a donné dernièrement un dîner copié textuellement sur la des-
« cription que l'auteur latin Pétrone fait des orgies romaines, etc. »

3. La lettre de Leibnitz a été publiée en particulier dans Friedlænder, *Petronii Cena Trimalchionis*. Leipzig, Hirzel, 1891, p. 13-18.

comte Charles-Maurice, celui de Fortunata, par une favorite de la reine, Mlle de Pöllnitz.

De Prépetit de Grammont, qui fut recteur de l'Université de Paris, insère en un recueil le morceau de Pétrone sur la poésie (Ch. 118), qu'il traduit en vers français et accompagne de notes (*Traduction en vers françois de l'Art poétique d'Horace... et de quelques endroits d'Ovide*, etc., Paris, Nic. Aubert, 1711, in-12).

On lit des citations de Pétrone dans Sallengre (*Histoire de Pierre de Montmaur*, éd. de 1715, La Haye, t. 1, *Préface*, p. 15). Bayle le cite plusieurs fois dans ses *Pensées diverses*, écrites à un docteur de la Sorbonne à l'occasion de la comète qui parut au mois de décembre 1680 [1], et, dans son *Dictionnaire historique et critique*, 1720 (Rotterdam, t. IV, Dissertation sur les libelles diffamatoires, p. 2053), rapporte l'appréciation suivante : « Il y a des gens d'esprit... qui vous jureront que Pétrone est incomparablement moins dangereux dans ses ordures grossières, que dans les délicatesses dont le comte de Rabutin les a revêtues, et qu'après avoir lu les *Amours des Gaules*, on trouve la galanterie incomparablement plus aimable qu'après avoir lu Pétrone. »

---

1. Voir éd. de 1721, Rotterdam, t. 1, p. 157; t. 3, p. 382, 534; t. 4, p. 303.

Bayle s'étant montré plus sévère que saint Augustin dans un cas de conscience délicat (*Dictionnaire*, article *Acyndinus*), Voltaire composa contre lui l'épigramme suivante :

> Le matin rigoriste et le soir libertin,
> L'écrivain qui d'Éphèse excuse la matrone
> Enchérit tantôt sur Pétrone
> Et tantôt sur saint Augustin[1].

Jean-Baptiste Rousseau aussi est accusé par ses ennemis d'avoir aimé Pétrone et de l'avoir traduit. Lors de l'affaire des couplets satiriques (1710), Danchet lança contre lui cette épigramme :

> A te masquer habile,
> Traduis tour à tour
> Pétrone à la ville,
> David à la cour, etc.

Toutefois, le seul passage de J.-B. Rousseau qui soit directement inspiré de Pétrone est le suivant, où l'on lit une allusion à la *Matrone d'Éphèse* (ode VII du livre II, *A une jeune veuve*) :

> Quel respect imaginaire
> Pour les cendres d'un époux
> Vous rend vous-même contraire
> A vos destins les plus doux ?

---

1. *Dictionnaire philosophique*. Article : *Adultère*.

Pourquoi ces sombres ténèbres
Dans ce lugubre réduit ?
Pourquoi ces clartés funèbres
Plus affreuses que la nuit ?
De ces noirs objets troublée,
Triste, et sans cesse immolée
A de frivoles égards,
Ferez-vous d'un mausolée
Le plaisir de vos regards ?

Voyez les Grâces fidèles
Malgré vous suivre vos pas,
Et voltiger autour d'elles
L'Amour, qui vous tend les bras.
Voyez ce Dieu plein de charmes,
Qui vous dit, les yeux en larmes :
« Pourquoi ces soins superflus,
Pourquoi ces cris, ces alarmes ?
Ton époux ne t'entend plus. »

. . . .

De la célèbre matrone
Que l'antiquité nous prône,
N'imitez point le dégoût ;
Ou, pour l'honneur de Pétrone,
Imitez-la jusqu'au bout.., etc.

On peut considérer encore l'épigramme XIV de
J.-B. Rousseau comme une réminiscence du : *Grex
agit in scæna mimum*[1].

Ce monde-cy n'est qu'une œuvre comique
Où chacun fait un rôle différent, etc.

____

1. Pétrone, chap. 80.

Cf. *Odes*, L. II, 6, à la Fortune :

> Le masque tombe, l'homme reste,
> Et le héros s'évanouit.

Le conte de la *Matrone d'Éphèse* continue à inspirer en ce siècle les écrivains dramatiques. « Chaque théâtre a sa *Matrone d'Éphèse* », lit-on dans la *Bibliothèque des théâtres* (Paris, Prault, 1733, p. 200)[1]. Houdart de la Motte fait représenter au théâtre français le 23 septembre 1702 : *La Matrone d'Éphèse*, comédie en un acte, en prose[2]. Sous ce même titre, Fuselier donne à la foire Saint-Laurent, en 1714, un opéra-comique en trois actes. Pour compléter la liste des pièces composées sur ce sujet au XVIIIe siècle, ajoutons : *La Veuve ou la Matrone d'Éphèse*, comédie en trois actes de Watelet (1718-1786)[3] ; *La Matrone d'Éphèse*, comédie en un acte, mêlée de vaudevilles, par Radet, représentée sur le théâtre du Vaudeville le 13 octobre 1792[4].

D'autre part, les érudits et les lettrés s'appliquent à publier avec soin le texte de Pétrone et à le traduire.

---

1. Ce sujet est aussi traité par la peinture. Il y a des *Matrones d'Éphèse* de Charles Coypel, d'Oudry, de Pater, etc.

2. Œuvres de M. Houdart de La Motte. Paris, Prault, 1754, t. V, p. 463.

3. Catalogue de la vente Soleinne par le bibliophile Jacob, t. II, p. 138, n° 2029.

4. Cf. aussi, d'après le conte chinois, *La Matrone chinoise* ou *l'Épreuve ridicule*, comédie-ballet en deux actes, en vers libres, par Le Monnier, Paris, 1764, in-12.

Parmi les éditions importantes, il faut signaler d'ab[or]d celle de Pierre Burmann (né à Utrecht, 1668-1741), ainsi intitulée : *Titi Petronii Arbitri Satiricôn quae supersunt cum integris Doctorum Virorum Commentariis ; et notis Nicolai Heinsii et Guilielmi Goesii nunc primum editis. Accedunt Jani Dousæ Praecidanea, D. Jos. Ant. Gonsali de Salas Commenta, Variae Dissertationes et Praefationes quarum Index post praefationem exhibetur. Curante Petro Burmanno* — Trajecti ad Rhenum, apud Guilielmum Van de Water, 1709, in-4°[1].

Le Pétrone de Burmann est une des meilleures éditions *variorum*, la plus riche assurément en commentaires[2]. Il en a été donné une seconde édition par les soins de son fils Gaspard Burmann, qui en a écrit la préface : Amsterdam, Jansson-Wæsberg, 1743, 2 vol. in-4°. Jean-Jacques Reiske, qui a revu le texte dans cette édition, y a introduit des additions et des corrections très hasardées.

Vient ensuite celle de Conrad Anton : *Petronii*

---

1. En 1781, parut à Florence (Amsterdam), in-8°, une *Chrestomathia Petronii Burmanniana*. L'auteur prétend relever les erreurs de Burmann, mais en commet lui-même beaucoup. On attribue cet ouvrage à Isaac Verburge et à Hemsterhuys.

2. Outre les notes de Nicolas Heinsius et de Goesius, Burmann a utilisé, *pillé*, dit M. Buecheler (préf. de l'éd. de 1862, p. xxxi), celles de Jacques Gronovius qui existent actuellement manuscrites à la Bibliothèque de Leyde. (Ms Gronov. 125) : *Annotata ad nuper inventum Petronii fragmentum.*

Arbitri Satyricon ex recensione Petri Burmanni passim reficta cum Supplementis Nodotianis et fragmentis Petronianis. Notas criticas, aliasque et indicem uberrimum addidit Conr. Gottlob Antonius, Litt. orient. prof. Viteb. Lipsiæ, sumtibus Caspari Fritsch, 1781. Cette édition, ainsi que le titre l'indique, suit le plus souvent le texte de Burmann. Elle est reproduite par l'édition Bipontine : *Petronii Arbitri equitis Romani Satiricon cum supplementis Nodotianis.* Accedunt veterum poetarum catalecta. Præmittitur notitia literaria studiis societatis Bipontinæ. Biponti, ex typographia societatis, 1790, in-8°.

Le président Bouhier publie à Amsterdam, chez Changuion, en 1737, le poème de Pétrone sur la *Guerre civile,* avec la traduction en vers français[1]. Cet ouvrage est réimprimé à Paris, 1738, in-12.

Voltaire, dans son discours de réception à l'Académie française (9 mai 1746), où il succédait au président Bouhier, fait l'éloge de cette traduction[2], mais non du poème de Pétrone, qu'il juge « une déclamation pleine de pensées fausses »[3].

1. *Poème de Pétrone sur la guerre civile entre César et Pompée,* avec deux épîtres d'Ovide ; le tout traduit en vers français, avec des remarques et des conjectures sur le poème intitulé : *Pervigilium Veneris,* in-4°. Vignette gravée sur le titre, par Bernard Picart.
2. Éd. de Kehl, t. 47, p. 5. — Ce poème est au contraire apprécié de la manière la plus favorable par l'abbé Desfontaines. V. de Guerle, *Recherches sceptiques,* p. xxvii. Pétrone, Garnier, 1861.
3. Pétrequin (*op. cit.,* p. 142) mentionne encore un essai anonyme

Le XVIIIᵉ siècle a vu paraître deux traductions en prose du *Satiricon*. La première est celle de Lavaur, publiée sous le titre suivant : *Histoire secrette de Néron ou le Festin de Trimalcion*, traduit de Pétrone avec des notes historiques par M. Lavaur. Paris, chez Étienne Ganeau et G.-F. Quillau, 1726, 2 v. in-12. Elle est fort inexacte, soit qu'elle délaie verbeusement le texte, soit qu'elle pèche par de fréquentes omissions.

On en peut dire à peu près autant de celle de Dujardin [1], qu'il donna sous le nom de Boispréaux, La Haye, Jean Neaulme — ou Londres, Nourse (en réalité Paris), 1742. 2 vol. in-8ᵒ — sans texte et sans notes, avec une préface [2]. Les *Opuscules* de Fréron contiennent une lettre de celui-ci à l'abbé Desfontaines [3] sur la traduction de Dujardin, qu'il avait déjà pris à partie au sujet de son *Histoire de Rienzi* [4]. Le critique l'apprécie avec une juste sévérité, en

de traduction du poème de la *Guerre civile*, d'ailleurs dépourvu de valeur. V. *Bibliothèque d'histoire et de littérature*, Lille, 1768, 2 v. in-12.

1. Ancien maître des requêtes, Dujardin, qui avait été forcé, pour des raisons inconnues, d'abandonner la carrière de la magistrature, sacrifia l'*inutilité de son loisir* (ce sont ses expressions) à traduire Pétrone.

2. Réimprimée à Paris, l'an IV de la République. (D'après Pirault des Chaumes, *Observations*, etc., à la suite de sa traduction inédite.)

3. *Opuscules*, de M. F... — Amsterdam, chez Arkstée et Merken, 1753, t. Iᵉʳ, p. 132 sq.

4. *Ibid.*, p. 143.

motivant par des exemples la rigueur de son arrêt.
Il lui reproche d'avoir rendu Pétrone avec peu de
fidélité, de précision, d'élégance et de naturel.
« Pourquoi a-t-il énervé la force de ses pensées par
des paraphrases insipides ; éteint le feu de ses idées
par des tours froids et languissants ; altéré la charmante naïveté de ses sentiments par un choix affecté
de mots précieux ; substitué en un mot à un original
plein de vie une copie languissante et inanimée ?
N'est-ce pas imiter ce tyran dont il est parlé dans
Virgile qui appliquait des corps morts à des corps
vivants ? »

A l'insuffisante version de Dujardin, Fréron
oppose, pour le début du *Satiricon*, la sienne propre, qui a du moins le mérite d'être plus exacte.
« J'ai, dit-il, tâché de tout exprimer, et j'éprouve
que plus on est littéral, plus on a de force et d'é-
nergie. »

Parmi les grands écrivains du xviiie siècle, Voltaire est à peu près le seul qui semble s'être préoccupé de la question de Pétrone. Il y revient à diverses reprises, et toujours pour protester contre
l'assimilation qui était faite communément entre le
Satiricon et les *codicilli* du consul Pétrone. Son bon
sens l'avertissait que les commentateurs s'égaraient
quand ils s'appliquaient à découvrir dans cette œuvre des traits de satire dirigés contre Néron et ses

courtisans[1]. « C'est, disait-il, s'ingénier à retrouver toute la cour de Louis XIV dans *Guzman d'Alfarache* et dans *Gil Blas*[2]. » — « Quel rapport d'un vieux financier grossier et ridicule (Trimalchion), et de sa vieille femme, qui n'est qu'une bourgeoise impertinente qui fait mal au cœur, avec un jeune empereur et son épouse, la jeune Octavie ou la jeune Popée? Quel rapport des débauches et des larcins de quelques écoliers fripons avec les plaisirs du maître du monde[3]? » Et ailleurs[4] : « C'est le comble de l'absurdité d'avoir pris de siècle en siècle cette satire pour l'histoire secrète de Néron; mais, dès qu'un préjugé est établi, que de temps il faut pour le détruire! »

Aux yeux de Voltaire, Pétrone est « un jeune écolier...[5], un jeune homme obscur, qui n'eut de frein ni dans ses mœurs ni dans son style[6] ». Il félicite les éditeurs de la *Bibliothèque des romans* d'avoir mis le *Satiricon* à la tête des plus singuliers romans

---

1. Marmontel (*Essai sur les romans*) considérera encore l'ouvrage de Pétrone comme « une satire obscène, élégamment écrite, des vices de Néron et des infamies de sa cour ».

2. T. 28 (éd. de Kehl), p. 263, *Des Mensonges imprimés*, XXXVI.

3. T. 47, note de la page 5. — Cf. t. 20, p. 157. Écrivains du siècle de Louis XIV. Article : *Nodot.*

4. T. 27, p. 33.

5. *Ibid.*

6. T. 47, note de la page 5.

de l'antiquité [1]. « Il y a plus loin, dit-il, de Trimalcion à Néron que de Gilles à Louis XIV », et il
ajoute : « Il est aussi ridicule d'attribuer ce roman à
un consul, que d'imputer au cardinal de Richelieu
un prétendu testament politique dans lequel la vérité
et la raison sont insultées presque à chaque ligne. »

Le jugement de Voltaire est repris par La Harpe,
qui, ici encore, ne paraît pas s'être mis beaucoup en
peine de se faire une opinion personnelle. « Il est
très probable, écrit-il [2], que cette rhapsodie est de
quelque élève de l'école des rhéteurs, *d'un jeune
homme qui n'était pas sans quelque talent*, et qui a
choisi la forme la plus commode pour joindre ensemble ses ébauches de littérature et de poésie et le tableau de la mauvaise compagnie où il avait vécu [2]. »

---

1. T. 49, p. 308. Aux éditeurs de la *Bibliothèque des Romans*. Les
tomes I et II de cette *Bibliothèque* (Paris, Lacombe, 1775) contiennent une analyse et divers extraits du *Satiricon*, ainsi qu'une appréciation dont certains traits ne manquent pas de justesse. On y
lit, par exemple :

« La satyre de Pétrone est moins un récit qu'une action. Tous les
« personnages qu'il introduit sont en mouvement et même en une
« sorte de mouvement déréglé et convulsif tel qu'il convient aux
« acteurs d'une orgie et aux héros d'une débauche effrénée. Dans
« le délire d'une telle action, il ne saurait y avoir d'ordonnance,
« ni de marche indiquée. Aussi l'auteur n'y annonce-t-il, n'y suit-il
« aucun plan. C'est une aberration, une ivresse, une extravagance
« perpétuelle dans les faits, mais une énergie, une grâce, une élé-
« gance inexprimables dans le récit. » (T. I, p. 49.)

L'analyse ne fait pas cependant de distinction entre le texte du
S .tiricon et les interpolations de Nodot.

2. *Cours de littérature*, éd. de l'an VII. t. II, p. 178 sq.

Pétrone peut bien avoir été des petits soupers de Potsdam. En tout cas, Frédéric le Grand l'a lu, car il écrit dans une *Épître à son maître d'hôtel* :

> Pétrone ainsi peint le festin bizarre
> Que lui donna certain Trimalcion :
> On y servait avec profusion
> Des animaux entiers de toute espèce...
> Les convives tous ravis, en extase,
> A cet aspect jetèrent de grands cris :
> Le cuisinier fut loué par bêtise :
> Chacun mangea selon sa friandise...
> Qui serviroit à présent à ses hôtes
> Un tel repas, au lieu d'être loué,
> Des successeurs des Térences, des Plautes,
> En plein théâtre en serait bafoué [1].

Dans la seconde moitié du XVIII° siècle, Pétrone est moins cité et semble moins lu. La France avait, il est vrai, son Pétrone, si Palissot a justement nommé l'auteur du *Satiricon* le Crébillon latin [2]. Mais Crébillon ne paraît pas avoir connu Pétrone.

Diderot le possède assez bien. Pour l'auteur

---

1. Berchoux (*Gastronomie*, 3° édit. 1804), dira au contraire : « Lisez, pour vous former l'esprit et vous mettre en état de parler savamment en gastronomie, la description que Pétrone fait du festin de Trimalcion, c'est-à-dire de Néron » ; p. 136, note 31 du chant III, à ce vers :

> Puisez dans Martial, dans Pétrone et Plutarque.

2. *Correspondance de Palissot.* Cf. Rigoley de Juvigny (*Vie de Piron*) en tête de l'édition de 1776. Neuchâtel. Il dit, t. I, p. 79 : « Son fils (Crébillon), le Pétrone du siècle. »

de *Jacques le Fataliste*, cela n'a pas lieu de nous étonner : « Je lis quelquefois mon Pétrone, » écrit-il. (*Essai sur la peinture*, ch. V.) Ailleurs il se représente à nous allant, quand il était jeune, chez Mlle Babuti, libraire, qui devint la femme de Greuze : « J'entrais avec cet air vif, ardent et fou que j'avais ; et je lui disais : « Mademoiselle, les « *Contes* de La Fontaine, un Pétrone, s'il vous plaît, etc. » (Salon de 1765, 121. *Portrait de Madame Greuze*.) Pétrone occupait sans doute une certaine place dans ses conversations avec Mlle Voland ; c'est ce qu'on peut induire d'une lettre fort libre de Diderot à son amie (année 1760) au sujet de l'abbé Galiani : « Un certain Ascylte de votre connaissance, un certain Lycas, aussi de votre connaissance, etc. », écrit-il. Or ce sont là des personnages du *Satiricon*. Toutefois, nulle part Diderot ne semble avoir imité Pétrone, qu'il ne nomme pas une seule fois (chose étrange) dans l'*Essai sur les règnes de Claude et de Néron*. L'*Encyclopédie* aussi est muette au mot : *Pétrone*. Elle ne renferme pas non plus d'article sur le *Satiricon*, même sous la rubrique générale : *Satiriques* et *Satires*[1].

---

1. J.-J. Rousseau, qui mentionne la mort de Pétrone, surnommé l'« arbitre du goût », (*Discours sur les sciences et les arts*), ne fait qu'une citation du *Satiricon*. Elle se trouve au livre III de l'*Émile* : « Le cas qu'en fait le riche (des babioles des artistes) ne vient pas

Un des morceaux les plus licencieux du *Satiri-con*, le conte de l'éphèbe de Pergame, se retrouve, mais avec les modifications indispensables, dans le conte des *Amants généreux* de Gentil Bernard[1]. On a prétendu aussi que Piis et Barré ont repris le même conte dans les *Amours d'été*, vaudeville (1781) ; mais les rapprochements qu'on pourrait établir sont bien vagues et des plus lointains.

Restif de la Bretonne, de son côté, dans une nouvelle intitulée : *La Matrone de Paris*, imite le conte de la *Matrone d'Éphèse*. (*Les Contemporaines ou Avantures des plus jolies femmes de l'âge présent.* 2° *édition*, XVII° vol. Paris, V° Duchêne, 1784 pp. 239-262.)

Ce à quoi on ne s'attendait pas, c'est à voir, pendant la Révolution, Pétrone invoqué pour fournir des circonstances atténuantes aux égorgeurs de septembre. On lit dans M. H. Wallon (*Histoire du tribunal révolutionnaire de Paris*, Paris, Hachette, 1880, t. I, p. 24): « Le tribunal criminel du 17 avril 1792 chôme pendant les massacres de septembre.

---

de leur usage, mais de ce que le pauvre ne les peut payer. *Nolo habere bona, nisi quibus populus inviderit.* » (*Sat.*, ch. 100.)

1. *OEuvres.* Paris, éd. stéréotype, 1819, p. 181. On lit dans l'*Art d'aimer*, chant 2° :

> . . . . l'amour a ses auteurs,
> Agents muets dont l'atteinte est certaine,
> D'Urfé, Quinault, Pétrarque, La Fontaine,
> *Pétrone*, Ovide et mon Tibulle aussi.

L'auteur du *Bulletin* des actes du tribunal, à la date du 3 septembre, a une note ainsi conçue :

« Le retard occasionné dans nos numéros nous engage à prévenir nos abonnés qu'il est la suite nécessaire des événements imprévus, et que le bien de la chose publique a malheureusement rendus indispensables.

« Depuis un grand nombre de siècles, l'on avait vu les plus criminels affronter impunément le glaive de la loi et s'y soustraire. Dans ce sens, Anacharsis avait comparé les lois aux toiles d'araignée qui ne sont funestes qu'aux petits insectes volatiles, mais qu'une grosse mouche, qu'un frelon déchire impunément. L'aimable Pétrone a dit depuis : *Quid faciant leges, ubi regnat aurum*[1]? L'or de la liste civile corrompt tout et arrête l'exécution des lois. »

Voilà Pétrone coiffé du bonnet rouge !

En revanche, plusieurs éditions du *Satiricon*, à la veille de paraître, sous la Révolution et sous le Directoire, ont été supprimées par leurs auteurs, parce qu'ils en redoutaient l'action démoralisatrice.

En 1790, Richard Lallement en avait préparé une qui devait faire partie de la collection Barbou. Les deux tiers seulement furent imprimés. Brunet (*Ma-*

---

1. La citation est inexacte :
Quid faciant leges, ubi sola pecunia regnat ! (*Sat.*, ch. 14).

nuel *du libraire*, art. Pétrone) nous apprend que de
cette édition incomplète il ne s'est conservé qu'un
très petit nombre d'exemplaires. Le titre est : *Titi
Petronii Satiricon* (absque nota), in-12° [1].

Renouard publie en 1796 le conte de la *Matrone
d'Éphèse : Apuleii... Psyches et Cupidinis amores...
T. Petronii Arb. Matrona Ephesiaca*, typis C. Crapelet, 1796, 8°, tiré à 90 exemplaires. (Peignot,
Répertoire de Bibliographies spéciales. Paris, 1810.)

En 1797, le même Renouard imprime une édition
de Pétrone sous ce titre : *Titi Petronii Satyricon ex
optimis exemplaribus emendatum. Parisiis*, 2 vol.,
in-12. (Brunet, *Manuel du libraire*. Supplément.)

Dans les dernières années du XVIII° siècle, La
Porte du Theil avait fait une édition de Pétrone,
accompagnée de la traduction française et de commentaires. Imprimée en grande partie, elle était sur
le point de paraître. Mais le baron de Sainte-Croix,
ami et confrère de La Porte du Theil à l'Académie

---

1. On lit dans une note de Tabaraud, à l'article *Pétrone* de la
Biographie Michaud, dont l'auteur est Gence : « En 1795, un littérateur nommé Gallaud d'Amiens venait d'achever une traduction
de Pétrone, avec commentaire, lorsque, se trouvant prévenu par
le savant La Porte du Theil, qui avait aussi traduit et commenté
cet auteur, il jeta au feu son manuscrit et se brûla la cervelle. »
Pétrequin (*op. cit.*, p. 154) démontre que c'est là un simple conte,
de tout point invraisemblable. et que Tabaraud a confondu, de
plus, les époques, en faisant vivre un siècle plus tard François
Galaup de Chasteuil.

des inscriptions et belles-lettres, lui représenta vive-
ment le danger d'un tel ouvrage, surtout, ajoutait-il,
en ces temps de révolution et d'immoralité. Il céda
à ces remontrances[1], brûla une partie du manuscrit et fit mettre au pilon ce qui était déjà imprimé[2].
On ne connaît que quatre exemplaires qui aient
échappé à cette destruction[3]. La Bibliothèque natio-

---

1. Sa conscience n'était pas d'ailleurs entièrement rassurée sur
l'opportunité de cette publication, comme le prouve le passage
suivant de sa communication à l'Académie des inscriptions, relative à la traduction d'un passage de Pétrone :

« Je crains, à cette heure, ce à quoi dans le principe je n'avais point
pensé. Il est absolument possible que l'on me blâme, et beaucoup ;
non pas d'avoir, ou méconnu cette fois la faiblesse essentielle de
mes moyens, ou perdu une portion de ceux dont j'ai pu en d'autres temps faire quelque usage supportable ; mais bien d'avoir choisi,
pour m'exercer encore dans la carrière des traductions, un auteur
sur lequel jamais peut-être, mais surtout au déclin de mon âge, il
ne pouvait m'être séant de travailler trop longtemps, et dont, à plus
forte raison, il ne m'était point convenable de rendre la lecture
trop familière aux jeunes gens par une version attrayante. Or, si
mon ouvrage allait être généralement envisagé sous ce point de
vue, comment ne pas rougir d'avoir mal exécuté une entreprise,
dont le projet en soi-même aurait été un tort véritable, un tort,
que la perfection de l'exécution eût pu seule alléger extérieure-
ment, bien que néanmoins elle l'eût encore foncièrement aggravé. »
(Manuscrit, t. 2, p. 12.)

2. « On sait qu'effrayé du résultat de son travail, qui était presque
entièrement imprimé, et craignant que l'érudition n'y fût préjudi-
ciable aux bonnes mœurs, il brûla ensemble l'édition et le manuscrit. » *Notice historique sur la vie et les ouvrages de M. Dutheil....*
par M. Dacier, lue à la séance publique de l'Institut, du 19 juillet
1816. (Extrait du *Moniteur* du 21 sept. 1816.) Cf. *Histoire et Mémoires de l'Institut royal de France. Académie des inscriptions et
belles-lettres,* t. V, 1821, p. 212.

3. Pétrequin, *op. cit.,* p. 161.

nale en possède deux, avec ce qui reste des notes manuscrites de La Porte du Theil.

En voici le titre et la description[1] : | *Titi | Petro-nii | Arbitri | Satyricon, | quotquot hodie supersunt, | fragmenta | Ad duorum optimæ notæ manuscriptorum codicum, nec | non ipsiusmet Traguriani libri fidem, recensita*, in-8°.

Ce volume (imprimé à Paris chez Beaudouin, de 1796 à 1800) ne porte pas de date ni de nom d'imprimeur. C'est le tome II de l'édition préparée par La Porte du Theil, dont le tome Ier a été entièrement détruit.

Ce tome II contient : 1° un *Avertissement au lecteur*, en latin ; 2° le *texte latin* de Pétrone ; 3° *Fragmenta superioris Satyrici quæ quibus in locis reponenda sint incertum est* (pp. 1 à 192) ; 4° *Observations relatives à la partie du premier volume intitulée : Introduction ou sommaire de tout ce qui, dans les fragments aujourd'hui subsistans de l'ouvrage de Pétrone, se trouve précéder ou doit être censé avoir précédé le récit des aventures d'Encolpe* (pp. 193-320[2]).

---

1. Bibl. nationale, Réserve Z, 2488. Cet exemplaire est sur papier à grande marge, non rogné, ni ébarbé.

2. Le deuxième exemplaire de ce tome II de la Porte du Theil, que possède la Bibliothèque nationale, est inscrit sous la cote Réserve Z, 2486, 2487, avec, en tête, une plaquette de 12 pages ainsi intitulée : *Institut royal de France. — Notice historique sur la vie et les ouvrages de M. Dutheil, par M. Dacier, secrétaire perpétuel. —* Cet exemplaire est absolument identique à l'autre, mais les marges

Le tome II devait contenir encore, d'après une lettre de La Porte du Theil adressée à Millin et publiée dans le *Magasin encyclopédique*[1] :

1° *Des notes philologiques*, au nombre de plus de cent soixante ; 2° Les *Remarques* du président Bouhier sur le poème de la *Guerre civile*.

La même lettre nous apprend que le tome Ier devait renfermer : « Un *Discours préliminaire* fort étendu, en forme de lettres adressées au citoyen de Sainte-Croix, ce littérateur si estimable et si savant, dont j'avais l'avantage d'être le confrère quand l'Académie des inscriptions et belles-lettres subsistait. Dans ces différentes lettres, j'expose en détail tout ce que l'on a recueilli sur l'existence, l'authenticité et les diverses fortunes du texte de l'ouvrage, attribué communément à un auteur du nom de *Titus Petronius Arbiter* ;

« 2° Une *Introduction* ou *Sommaire* de tout ce qui, dans les fragments aujourd'hui subsistans de l'ouvrage de Pétrone, se trouve précéder ou est censé avoir précédé le récit des Aventures d'Encolpe ;

ont été un peu rognées. S'il porte deux numéros, c'est sans doute à cause de la plaquette qui y est jointe.

Un troisième exemplaire, exactement semblable, se trouve à la bibliothèque de l'Institut, sous la cote in-8°, R. 17 A. Sur l'inventaire de la bibliothèque on a ajouté, au crayon, à la suite du titre et du nom de La Porte du Theil, qui ne figure pas sur le livre : Paris, Baudouin, 1796-1800. La bibliothèque de Munich possède un quatrième exemplaire.

1. IVe année, t. 4 (an VII, 1798), pp. 494-512.

« 3° Une *Version française*, accompagnée du texte latin, de la partie qui concerne les *Aventures d'Encolpe* proprement dites, seule portion de l'ouvrage attribué à Pétrone qui soit intelligible pour moi, et que j'aie cru pouvoir interpréter. »

Les notes manuscrites de La Porte du Theil que possède la Bibliothèque nationale forment trois volumes in-folio, cartonnés, montés sur onglets, désignés sous la cote Nouvelles acquisitions françaises, n°° 20287, 20288, 20289, et constituant les tomes VI, VII, VIII de la série des papiers de La Porte du Theil.

1° Le volume n° 20287 (635 feuillets) renferme toute la bibliographie relative à Pétrone :

a) L'indication des manuscrits et la bibliographie détaillée des éditions et des traductions françaises (fol. 1 à 519) ;

b) Une dissertation critique sur l'édition *princeps* de Pétrone (fol. 520 à 535) ;

c) Les fragments poétiques attribués à Pétrone et des *Priapeia*, extraits de diverses éditions (fol. 536 à la fin).

2° Le volume n° 20288 (403 feuillets) contient :

a) Le texte de l'Avertissement au lecteur, en latin (fol. 1 à 6). (C'est le texte qui se trouve imprimé en tête du volume conservé à la Nationale. On peut le lire également dans la lettre à Millin, *op. cit.*, pp. 497-500) ;

b) Des notes pour la préface, etc. (fol. 7 à 38);

c) Le texte latin du roman satyrique, écrit de la main de l'auteur (fol. 39 à 80)[1];

d) Notes sur la *Trojæ halosis*, etc. (fol. 81 à 104);

e) Observations sur des passages de l'Introduction comprenant :

1. Notice biographique sur Pétrone (fol. 105 à 137);

2. Notes sur les auteurs qui ont mentionné le roman satyrique (fol. 138 à 203);

3. Localisation du roman satyrique. Naples, phratries et gymnases, etc. (fol. 204 à 279)[2];

4. Notes sur l'éloquence dans la Grande-Grèce (fol. 280 à 363);

f) Notes relatives au roman satyrique, lesquelles notes ont trait à l'épisode de la *Matrone d'Éphèse* (fol. 364 à la fin).

3° Le volume n° 20289 (528 feuillets) comprend :

a) Des notes sur la peinture dans l'antiquité, à propos du passage de la diatribe d'Encolpe sur les causes de la décadence de l'art oratoire. Nombreux extraits d'auteurs latins. Notes sur les *insulæ* de

---

1. C'est le texte latin imprimé dans le tome II de l'édition de La Porte du Theil, lequel contient aussi une partie des *Observations* qui suivent.

2. Ces questions sont traitées sous la forme d'une lettre adressée à Millin.

Naples ; sur la destruction d'Herculanum et Pompéi
(fol. 1 à 283)[1];

b) Notes du président Bouhier sur le poème de la
Guerre civile (fol. 284 à 324) ;

c) Notes diverses (fol. 325 à 528).

L'Avertissement au lecteur nous apprend les raisons qui ont guidé La Porte du Theil dans la disposition typographique du texte latin de son édition.

Il distingue, dans Pétrone, quatre parties : *authenticam, genuinam, dubiam, supposititiam.* Il considère comme *authentique* tout ce qui se trouve dans l'édition *princeps* ; cette partie est imprimée en *italiques.*

Il tient également pour *vrais* les fragments ajoutés dans les éditions postérieures à 1577, d'après le manuscrit de Pithou, et qu'il imprime en caractères *romains.*

Les caractères *romains* désignent encore, mais cette fois avec des guillemets au commencement de chaque ligne, les fragments provenant du manuscrit de Trau, que La Porte du Theil appelle *douteux.*

Enfin, les fragments *supposés,* c'est-à-dire les additions de Nodot, sont imprimés en caractères *minuscules,* pour bien montrer le peu de cas qu'on en doit faire. Il eût été plus logique de les supprimer.

------

1. Les feuillets 75 à 81 sont extraits d'un travail sur Démosthène et paraissent avoir été intercalés par erreur.

De la traduction de La Porte du Theil, nous ne pouvons juger que par un morceau de quatre pages inséré comme échantillon dans la lettre à Millin. Il semble que, plus consciencieuse, plus précise que les traductions antérieures, elle eût constitué un progrès, mais serait demeurée encore assez loin de l'exactitude rigoureuse qu'on doit exiger d'un traducteur. Ainsi, dès la première page, se présente un contresens. *Piratas cum catenis in littore stantes* est rendu par ces mots : « Des pirates enchaînés sur la rive, » au lieu de : « Des pirates debout sur le rivage préparant des chaînes (à leurs captifs) ».

D'une plus grande valeur assurément sont les notes bibliographiques, philologiques, archéologiques, dont nous avons donné l'énumération sommaire. Elle permet de se rendre compte du nombre et de la variété des matériaux que La Porte du Theil avait rassemblés pour son édition.

« Plusieurs sont doubles ou triples... et quelques-
« unes sont de petites dissertations sur les passages
« qui lui ont paru les plus remarquables ou même
« décisifs pour fixer déterminément l'opinion des gens
« de lettres sur le temps ou le lieu où doit avoir été
« composé le roman satyrique attribué à Pétrone[1]. »
Telle est la principale préoccupation de La Porte

----

1. Lettre à Millin (*op. cit.*, p. 497).

du Thoil, et il faut reconnaître que sur ces deux points il n'est pas arrivé à des conclusions satisfaisantes. Les questions qu'il a traitées ont été reprises depuis avec plus de méthode, et il ne semble pas qu'il y ait à puiser dans ses notes des arguments nouveaux et probants. Il a le tort d'ailleurs de suspecter ceux qu'on peut tirer du fragment de Trau, dont il met en doute l'authenticité.

Il estime que Pétrone n'a pas pu écrire avant Hadrien :

« Il est constant que nombre de traits caractéris-
« tiques du roman attribué à Pétrone se rapportent
« à ceux qui distinguent le siècle des Antonins : la
« fleur de style, l'invention des événements, une
« attention marquée pour ce qui tient à l'astrologie,
« qu'on appelait alors la science des mathématiciens,
« des plaintes sur le mépris de la religion païenne,
« des sarcasmes dirigés évidemment contre le chris-
« tianisme[1].

« Que si l'on cherche un auteur à qui l'on puisse
« comparer celui du roman satyrique, on n'en trou-
« vera point avec qui il ait plus de rapport qu'avec
« Apulée. » (Manuscrit, t. 2, p. 113.)

La Porte du Theil va même jusqu'à penser

---

1. Je n'ai vu dans les notes de La Porte du Theil aucune preuve à l'appui de cette dernière affirmation.

qu'Apulée a précédé Pétrone, et que les *Métamor-phoses* ont servi de modèle au *Satiricon!* Hypo-thèse bien étrange et déconcertante, qui prouve une fois de plus qu'une profonde érudition peut ne pas s'allier au tact littéraire et au goût.

Mais, en revanche, cette érudition nous vaut, je le répète, une réunion de notes et de documents qui ont leur prix. La partie bibliographique de ce manuscrit reste en particulier fort utile à consulter. Elle atteste des recherches très consciencieuses et renferme nombre de renseignements, non seulement sur les éditions elles-mêmes, mais encore sur plusieurs des savants qui les ont données ou qui ont commenté le *Satiricon*.

Selon Chardon dé la Rochette, un autre membre de l'Académie des inscriptions, Clavier, avait préparé une édition de Pétrone avec de courtes notes. La première moitié de ce volume in-8° était même imprimée [1]. Elle ne vit jamais le jour. Était-ce encore un excès de pudeur académique qui avait

---

1. « Un amateur éclairé, qui joint l'amabilité à des connaissances fort étendues, qui jouit à la fois du plaisir de l'étude et de ceux de la société, M. Clavier, nous donnera aussi une édition élégante de Pétrone, avec de courtes notes. La première moitié de ce volume in-8° est imprimée depuis longtemps, nous l'exhortons à terminer l'impression de la seconde. Nous y avons vu quelques passages heureusement restitués. » Chardon de la Rochette, *Mélanges de critique et de philologie*. Paris, 1812, t. I, p. 422 (article du *Magasin encyclopédique*, 1798).

retenu le futur beau-père de Paul-Louis Courier ?
C'est ce qu'on peut se demander avec Pétrequin.

En 1793, de Guerle traduit librement en vers le
poëme de la *Guerre civile* et imite les autres morceaux de poésie que contient le *Satiricon*. Il accompagne cette traduction de remarques sceptiques sur
le *Satiricon* et sur son auteur[1]. La première partie
de ces remarques avait paru dans le *Magasin encyclopédique* de Millin sous le titre de : *Questions sceptiques sur Pétrone*. C'est une dissertation spirituelle,
où l'on trouve, à côté d'hypothèses hasardeuses et de
quelques erreurs bibliographiques, des vues ingénieuses et justes.

La traduction de de Guerle[2] est éditée de nouveau
en 1816, à la suite de la *Pharsale* de Lucain, traduite
par Amar, puis en 1829, dans les œuvres diverses
de J.-N.-M. de Guerle. Elle est reproduite par son
beau-fils, Héguin de Guerle, qui la comprend dans
sa traduction complète du *Satiricon* (collection
Panckoucke, 1834), réimprimée chez Garnier en
1861, avec les *Remarques sceptiques sur le Satiricon*.

---

1. *La Guerre civile, poëme : traduction libre de Pétrone, ornée du
texte latin et suivie de recherches sceptiques, tant sur la satyre de
Pétrone, que sur son auteur, par Jean-Nicolas-Marie Deguerle,
membre de la Société libre des sciences, lettres et arts de Paris.*
Paris, 1793, in-8°, de VI et 163 pages.

2. Voir sur cette traduction l'article précédemment cité de Chardon
de la Rochette, *Mélanges de critique et de philologie*, t. I, p. 411 sq.

Dans la dernière année du XVIII° siècle, l'apparition d'un nouveau fragment supposé du *Satiricon* rappela pendant quelque temps l'attention sur Pétrone. José Marchena, littérateur et traducteur espagnol, réfugié en France, était en 1800 secrétaire de Moreau à l'armée du Rhin, quand il lui prit la fantaisie de composer en latin un morceau érotique qu'il publia sous ce titre : *Fragmentum Petronii ex bibliothecæ Sancti Galli antiquissimo ms. excerptum, nunc primum in lucem editum ; gallice vertit ac notis perpetuis illustravit Lallemandus, sacræ theologiæ doctor, 1800* ; petit in-8° de 75 pages (sans nom de lieu, mais imprimé à Bâle)[1]. Ce fragment comble la lacune du chapitre 26. C'est dire que le sujet était des plus scabreux et, de plus, des notes licencieuses accompagnaient un texte déjà suffisamment osé[2]. Cette mystification fit un certain nombre de dupes

----

1. René Alby, auteur de l'article *Marchena* dans la *Biographie Michaud*, rapporte l'anecdote suivante : « Pendant son séjour à Bâle Marchena avait composé une chanson fort leste qui lui attira une sévère réprimande de la part de Moreau. Pour se disculper auprès du général, il assura que cette chanson n'était qu'une traduction d'un passage de Pétrone encore inédit, et deux jours après il présenta au général un fragment qu'il disait avoir extrait d'un manuscrit fort ancien de la bibliothèque de Saint-Gall. »

2. V. *Curiosités littéraires* (Paulin, 1845, in-18).

M. Baillard (trad. de Pétrone, Collect. Nisard) a eu l'idée singulière de reproduire la traduction du fragment composé par Marchena, afin de remplir la lacune de son auteur. C'est ce qu'il a fait aussi pour les fragments de Nodot.

parmi les savants [1], jusqu'au jour où Marchena lui
même avoua l'imposture. Mais la polémique sur ce
sujet fut bien loin d'avoir la durée et la vivacité de
celle qu'avait suscitée le Pétrone de Nodot [2].

1. Au dire de Brunet (*Manuel du libraire*), un rédacteur de la
Gazette d'Iéna, entre autres, s'y trompa.

2. D'après Tabaraud (article *Pétrone*, de la *Biographie* Michaud),
un autre pastiche du *Satiricon* se trouve dans le *Gentleman's Magazine*, 1785, t. I, p. 175.

CHAPITRE IV

PÉTRONE AU XIX° SIÈCLE

Nous arrivons à une époque où les manuscrits du *Satiricon* vont être étudiés de près, comparés, classés, et où le texte sera établi avec plus de sûreté.

Toutefois, pendant la première moitié du XIX° siècle, aucun progrès sérieux ne s'était encore accompli. En France, la collection Panckoucke (1834) et la collection Nisard (1842) reproduisent le texte des éditions antérieures. Quant à la collection Lemaire, elle n'accueille pas Pétrone. Louis XVIII, sous le patronage duquel la *Bibliotheca classica latina* a été entreprise, s'oppose par un *veto* formel à ce qu'on y fasse entrer le *Satiricon*. Plus heureux, ce mécréant de Lucrèce, également exclu par le roi, y pénétrera du moins après la chute de la Restauration (1838).

C'est d'Allemagne que vinrent les travaux importants. En 1862, un éminent latiniste, professeur à l'université de Fribourg-en-Brisgau, aujourd'hui à l'université de Bonn, M. Frantz Buecheler, faisait paraître une édition de Pétrone [1] qui est la première où le texte ait été fixé d'une manière vraiment scien-

---

1. *Petronii Arbitri Satirarum reliquiæ* ex recensione Francisci Buecheleri. Berlin, Weidmann.

titique et d'après les règles d'une critique rigoureuse
et pénétrante. S'aidant de la recension préparée par
Frédéric Jacobs (1764-1847) et des conseils d'Otto
Jahn (1813-1869), M. Buecheler, après avoir revu
avec une rare conscience les manuscrits et les éditions anciennes, a sur beaucoup de points très heureusement amendé le texte. Certes, il s'en faut que
toutes les difficultés soient résolues et la preuve en
est dans les corrections et conjectures proposées fréquemment dans les revues philologiques par les savants et par M. Buecheler lui-même. Mais l'édition de 1862 n'en marque pas moins le point de
départ de tout un renouvellement de la critique de
Pétrone. Aujourd'hui épuisée et fort recherchée,
cette édition est précédée d'une Introduction qui
a disparu de la réimpression de 1871 [1] et de la
suivante [2]. Nul n'a donc au siècle dernier mieux
que M. Buecheler préparé la voie aux études ulté-
rieures sur le *Satiricon*. Nul n'est plus maître de ce
sujet. Depuis, M. Friedlænder a donné une excel-
lente édition du *Festin de Trimalchion*, accompagnée
de la traduction allemande et d'un copieux commentaire (Leipzig, Hirzel, 1891, 8°).

---

1. Berlin, Weidmann. — *Petronii Arbitri Satirarum reliquiæ*.
Adjectus est liber Priapeorum.

2. Berlin, Weidmann, 1882. *Id.* Adjectæ sunt Varronis et Senecæ
satiræ similesque reliquiæ.

Parmi les nombreux travaux publiés à l'étranger au XIX° siècle sur Pétrone je mentionnerai les plus importants.

Sur les questions relatives à la personnalité de l'auteur, à l'époque, au lieu où se passe l'action du roman, aux mœurs qu'il nous peint, l'étude la plus complète et la plus approfondie est celle, déjà ancienne, de Studer. Elle a paru dans le *Rheinisches Museum* (1843, t. II) en même temps que celle de Ritter. Celle de Teuffel suit d'assez près (*ibid.*, 1846, p. 510-518). Puis se succèdent le livre de C. Bœk : *The age of Petronius Arbiter* (Cambridge, Massachusetts, 1856), l'Introduction de M. Buecheler à son édition de 1862, les ouvrages ou articles de : Cocchia, *Napoli e il Satyricon di Petronio* (Archivio storico per le provincie Napoletane, XVIII, Napoli, 1893). — A. Sogliano, *La questione di Napoli colonia e il Satyricon di Petronio* (*ibid.*, Napoli, 1896). — Margaritori, *Petronio Arbitro. Ricerche biographische* (Vercelli, Gallardi e Ilugo, 1897). — H. W. Haley, *Quæstiones Petronianæ* (Harward Classical Studies, t. II, p. 1-40. Boston, 1891).

Si nous passons aux travaux philologiques et lexicographiques concernant le *Satiricon,* nous devons signaler avant tout les *Observationes grammaticæ et criticæ* in Petronium de Segebade (Halle, 1880, typ.

Karrasiausi) et le *Lexicon Petronianum* de Segebade et Lommatzch (Leipzig, Teubner, 1898).

La langue populaire chez Pétrone a fait l'objet de plusieurs dissertations, parmi lesquelles on remarque les suivantes :

Ludwig, *De Petronii sermone plebeio.* Diss. Marb., 1869. — Von Guericke, *De linguae vulgaris reliquiis apud Petronium et in inscriptionibus parietariis Pompeianis.* Diss. Königsb., 1875. — J.-A. Cesareo, *De Petronii sermone.* Rome, 1887. — W. Heraeus, *Die Sprache des Petronius und die Glossen.* Progr. Offenbach. (Leipzig, Teubner, 1899. 50 p. in-4°[1].)

En France, en dehors du livre de Pétrequin, souvent cité ici et qui est surtout bibliographique, les études relatives à Pétrone sont d'ordre plutôt littéraire. M. G. Boissier a consacré au *Satiricon* un chapitre dans *l'Opposition sous les Césars* (Paris, Hachette, 1885), et a aussi écrit un piquant parallèle entre Pétrone et Apulée dans *l'Afrique romaine* (Paris, Hachette, 1895, p. 243 sq.).

En considérant le *Satiricon* sous un aspect particulier, M. Paul Thomas y a trouvé la matière d'ingénieuses observations sur le *Réalisme dans Pétrone*[2].

---

1. Pour une bibliographie plus complète, on peut consulter la 2ᵉ édition de l'Histoire de la littérature latine de M. Martin Schanz, *Geschichte der römischen Literatur*, zweiter Teil, zweite Auflage. Munich, 1901, p. 102. (*Handbuch* d'Iwan Müller.)

2. Gand, Vanderhaegen, 1893.

Un livre fort intéressant et bien au courant des plus récents travaux est celui de M. Émile Thomas : *Pétrone* (Paris, Fontemoing, 1901), réédition, enrichie de chapitres nouveaux, de : *L'Envers de la Société romaine d'après Pétrone* (Paris, Hachette, 1892)[1].

C'est au XIXᵉ siècle qu'il a paru en France le plus de traductions de Pétrone. Nous ne nous arrêterons pas à celle de Durand[2], qui, comme celles de ses prédécesseurs, pèche surtout par le manque d'exactitude. Si la traduction d'Héguin de Guerle (collection Panckoucke, 1834) se recommande par une certaine vivacité de style, elle prête néanmoins, quoique peut-être dans une mesure moindre, aux mêmes critiques que les traductions antérieures. En tâchant, comme il le dit dans son Avertissement, « que sa fidélité n'eût rien de servile », il s'est à l'excès émancipé du sens littéral et, « en palliant les *défauts de l'original* (*sic*) », il a pris une peine dont son auteur l'eût volontiers dispensé.

---

1. Voir aussi mon *Étude sur Pétrone*. (Paris, Hachette, 1892), qui traite surtout de la critique littéraire, de l'imitation et de la parodie dans le *Satiricon*.

2. *Satire de Pétrone, chevalier romain*, nouvelle traduction par le citoyen D....., suivie de considérations sur la Matrone d'Éphèse, et d'un conte chinois sur le même sujet. Paris et Avignon, Bertrandet, 1803. 2 vol. in-8°.

En 1835, J.-B. Vincent Pirault des Chaumes terminait une traduction de Pétrone demeurée inédite [1]. Elle est en prose mêlée de vers et ne distingue pas plus que les deux précédentes les additions de Nodot du texte authentique. Plus fidèle que celle de Durand, elle laisse encore bien à désirer au point de vue de l'exactitude et, à cet égard comme à d'autres, reste même inférieure à celle de de Guerle. L'auteur s'en est lui-même rendu compte, puisqu'il annonçait (p. 266) que, si la traduction d'Héguin de Guerle lui donnait satisfaction, il s'abstiendrait de faire paraître la sienne.

Dans ses *Observations*, il conclut que Titus Petronius Arbiter est vraisemblablement le C. Petronius de Tacite ; mais il incline à penser que l'œuvre est la satire des mœurs de Claude. Il défend avec vivacité Pétrone contre le reproche d'impudicité :

P. 241. « On a fait à cet ouvrage le reproche d'être

---

[1]. Le manuscrit autographe, dont j'ai pu avoir communication, faisait partie de la Bibliothèque d'Ed. Bonnaffé, et a été acquis par un bibliophile lorrain. N° 842 du Catalogue de la vente Bonnaffé, ainsi décrit : Pétrone, Le *Satyricon*, traduction nouvelle par J.-B. Vincent Pirault des Chaumes, ancien avocat, né à Paris en 1767, in-4° de 277 pages ; précédée d'un *Examen impartial des opinions sur Pétrone*, suivi de quelques *observations sur le Satyricon et d'un aperçu de la manière dont quelques-uns de ses imitateurs l'ont reproduit dans notre langue*, p. 216-266 du manuscrit, avec une table alphabétique des matières.

Pirault des Chaumes a traduit aussi diverses œuvres d'Ovide, etc. Il est mort en 1838.

licencieux. Martial et Juvénal ont le droit de se l'approprier comme Pétrone, et les formulaires de la confession, à l'usage de l'Église romaine, y ont encore un droit mieux acquis. Eh ! comment ne paraître point licencieux en décrivant des mœurs infâmes ? Eh ! comment en imprimer l'horreur, si on ne les décrit pas ?... Pétrone l'a-t-il fait avec esprit ? Oui. Avec finesse ? Oui. Avec goût ? Oui. Avec décence ? Oui. Les a-t-il blâmées ou châtiées dans son ouvrage ? Il les a blâmées. Il n'a donc pas mérité qu'on l'accusât d'impudicité. »

La traduction de Pétrone par Baillard[1] dans la collection Nisard (Dubochet, 1842) est plus précise et plus élégante que celles de ses devanciers. Mais elle a été faite sur les mêmes textes défectueux, avant la recension de M. Buecheler.

Une traduction de Pétrone par un écrivain doublé d'un érudit serait une chose fort désirable. Celle qu'a donnée en 1902 M. Laurent Tailhade (Paris, Fasquelle), malgré de réelles qualités, ne me paraît pas cependant avoir supprimé ce *desideratum*[2].

Mentionnons encore la traduction de sept pièces de vers choisies de Pétrone, avec Introduction, par

---

1. Né à Nancy en 1799, mort en 1860. A aussi traduit Sénèque. La Bibliothèque municipale de Nancy possède un exemplaire de sa traduction de Pétrone, avec des corrections de sa main.

2. Voir sur cette traduction l'*Appendice* II, p. 183.

M. Jérôme Doucet, Paris, 1902. Perroud, librairie des amateurs, 48 p. (Huit compositions de L.-Ed. Fournier et eaux-fortes de X. Lesueur.)

Recueillons maintenant, comme nous l'avons fait pour les époques antérieures, quelques-uns des jugements portés au siècle dernier sur le *Satiricon* par des critiques ou des littérateurs français.

Charles Nodier écrit[1] : « Le livre de Pétrone, considéré comme satire de la cour de Néron, est une supposition absurde. C'est tout bonnement la débauche d'esprit d'un libertin élégant qui possède l'art d'écrire à un degré très élevé. M. de Voltaire a traité cette question avec un esprit de critique fort judicieux, qui ne me laisse rien à ajouter, sinon que cette question en elle-même ne mérite pas qu'on y attache grande importance, puisque le *Satyricon* est du nombre de ces écrits dont la connaissance peut à peine être avouée[2] par un honnête homme[3]. »

---

1. *Questions de littérature légale. Du Plagiat.* Paris, Crapelet, 1812, ch. X, p. 89.

2. Pétrequin (*op. cit.*, p. 139) fait remarquer malicieusement que Nodier, si puritain, n'en possédait pas moins trois éditions latines de l'*Aloisia*, outre la traduction française, édition originale de 1681. (V. son *Catalogue*, etc.)

3. Un des jugements les plus fantaisistes est celui de Jules Janin (article *Pétrone* du *Dictionnaire de la Conversation*.) Ce critique, renommé pour ses bévues, a lu le *Satiricon* très superficiellement et sans doute par extraits. Il confond à plaisir les faits et les dates, prend Giton pour Encolpe, etc.

Voici de Sainte-Beuve une appréciation détaillée et motivée[1] :

« Pétrone, livre charmant et terrible, par tout ce qu'il soulève de pensées et de doutes dans une âme saine ! Ce *Satiricon* est bien l'œuvre d'un démon. Que la composition y soit absente, que l'intention générale reste énigmatique, eh ! qu'importe ? Chaque morceau en est exquis, chaque détail suffit pour engager. Je ne me flatte pas d'avoir rompu toute l'enveloppe, et je n'y ai pas visé le moins du monde ; j'ai lu, j'ai glissé, et il m'a suffi de cet à peu près facile pour apprécier du moins, au milieu de tout ce qui m'échappait, la façon de dire vite et bien, la touche légère, l'élégante familiarité, cette nouveauté qui n'est pas tirée de trop loin et qui rencontre aisément ce qu'elle cherche, *curiosa felicitas*, comme Pétrone a dit lui-même d'Horace, en un mot ce cachet qui a caractérisé de tout temps les écrivains maîtres en l'art de plaire. Quelques narrations, parmi lesquelles se détache le conte de cette *Matrone* tant célébrée, sont des pièces accomplies, et les vers que l'auteur s'est passé la fantaisie d'insérer à travers sa prose, à la différence de ce qu'offrent en français ces sortes de mélanges, ont une solidité et un brillant qui en font de vraies perles enchâssées.

---

1. *Portraits littéraires*, t. 3, p. 107 : *Le Chevalier de Méré.*

Pourtant, cette jouissance du goût laisse après elle
une impression inquiétante et soulève dans l'esprit
un problème qui lui pèse. Que le goût ne soit pas la
même chose que la morale, nous le savons à mer-
veille ; mais est-il possible qu'il s'en sépare à ce point,
et que la perfection de l'un se rencontre dans la ruine
et la perversion de l'autre ? Quoi ! se peut-il ? Combien de corruption pour cette perfection ! Combien
de fumier pour cette fleur ! De quels éléments est-
elle donc pétrie, cette grâce suprême et dernière qui
n'a qu'un *point* et un *moment* ? Car cette délicatesse-
là, qui est celle de la fin, ressemble, on l'a dit, à ces
viandes faites qui ne sauraient attendre un instant
de plus. »

D'autres critiques mêlent également à l'éloge
d'expresses réserves au point de vue de la morale.
Ainsi J.-J. Ampère dira[1] :

« Cet écrivain, dont le style est si pur, et dont les
peintures le sont si peu, ressemble aux artistes de
son temps qui gravaient sur des pierres précieuses,
avec une merveilleuse finesse, des sujets infâmes :
lui aussi, il fait de l'art et de l'art raffiné avec des
infamies. Il pétrit en statues d'un travail exquis la
boue romaine. Né en pays grec, il y a chez lui un

---

1. *Histoire littéraire de la France avant le xiie siècle*, t. I, p. 162.
(1839). Il est de ceux qui croient que Pétrone a dû naître à Marseille.

sentiment de l'art grec ; il emprunte à cet art l'expression délicate qu'il emploie à orner les vices monstrueux des Romains. »

Prévost-Paradol[1] caractérise finement en ces termes le ton et l'esprit du *Satiricon* : « Ce prince des élégants a bien voulu écrire, non pas en homme de lettres ni en pédant (il n'avait garde), mais en homme du meilleur monde, en maître du beau langage et des façons délicates de dire en toute chose. On voit, en le lisant, qu'il excellait à conter ce qui peut à peine s'entendre et à donner un charme véritable et, si l'on peut aller jusque-là, un vernis de bon goût aux plus libres peintures. »

Prévost-Paradol loue « ce style incomparable dans sa gracieuse négligence et dans son allure tranquille au milieu des plus scabreux défilés ».

Renan, dans *l'Antechrist*[2], ne se montre pas moins équitable, quand il écrit sur Pétrone ce qui suit :

« Ce Mérimée antique, au ton froid et exquis, nous a laissé un roman d'une verve, d'une finesse accomplies, en même temps que d'une corruption raffinée, qui est le parfait miroir du temps de Néron. Après tout, n'est pas roi de la mode qui veut. L'élégance de la vie a sa maîtrise, au-dessous de la

---

1. *Essais de politique et de littérature*, t. II, p. 185 : *Aristophane et Pétrone*. (Paris, Michel Lévy, 1863.)

2. Michel Lévy, 1873, p. 140.

science et de la morale. La fête de l'univers manquerait de quelque chose, si le monde n'était peuplé que de fanatiques iconoclastes et de lourdauds vertueux. »

C'est en des termes presque lyriques qu'un des représentants les plus en vue de l'école naturaliste exaltait naguère le mérite original du *Satiricon*. Bien que le livre soit intitulé : *A rebours*, et que cet éloge de Pétrone soit mis dans la bouche de des Esseintes, le névrosé par excellence, il y faut voir jusqu'à un certain point la pensée de l'auteur lui-même. Si l'on veut bien faire la part de quelques exagérations, on trouvera dans les pages dont nous allons donner quelques extraits la note la plus juste sur Pétrone et la caractéristique la plus exacte du *Satiricon* :

« Celui-là (Pétrone) était un observateur perspicace, un délicat analyste, un merveilleux peintre ; tranquillement, sans parti pris, sans haine, il décrivait la vie journalière de Rome, racontait, dans les alertes petits chapitres du *Satyricon*, les mœurs de son époque.

« Notant à mesure les faits, les constatant dans une forme définitive, il déroulait la menue existence du peuple, ses épisodes, ses bestialités.....

« Et cela raconté dans un style d'une verdeur étrange, d'une couleur précise, dans un style puisant à tous les dialectes, empruntant des expressions à toutes les langues charriées dans Rome, reculant toutes les limites, toutes les entraves du soi-disant grand siècle, faisant parler à chacun son idiome : aux affranchis sans éducation, le latin populaire, l'argot de la rue ; aux étrangers, leur patois barbare, mâtiné d'africain, de syrien et de grec ; aux pédants imbéciles, comme l'Agamemnon du livre, une rhétorique de mots postiches. Ces gens sont dessinés d'un trait, vautrés autour d'une table, échangeant d'insipides propos d'ivrognes, débitant de séniles maximes, d'ineptes dictons, le mufle tourné vers le Trimalchion qui se cure les dents, offre des pots de chambre à la société, l'entretient de la santé de ses entrailles et vente, en invitant ses convives à se mettre à l'aise...

« Ce roman réaliste, cette tranche découpée dans le vif de la vie romaine, sans préoccupation, quoi qu'on en puisse dire, de réforme et de satire, sans besoin de fin apprêtée et de morale ; cette histoire, sans intrigue, sans action, mettant en scène les aventures de gibiers de Sodome ; analysant avec une placide finesse les joies et les douleurs de ces amours et de ces couples ; dépeignant, en une langue splendidement orfévrie, sans que l'auteur se montre une seule fois, sans qu'il se livre à aucun commentaire, sans qu'il approuve ou maudisse les actes et les pensées de ses personnages, les vices d'une civilisation décrépite, d'un empire qui se fêle, poignait des Esseintes, et il entrevoyait dans le raffinement du style, dans l'acuité de l'observation, dans la fermeté de la méthode, de singuliers rapprochements, de curieuses analogies avec les quelques romans français modernes qu'il supportait[1]. »

Les historiens de la littérature latine ont nécessairement rencontré Pétrone sur leur chemin et plusieurs l'ont bien compris et jugé. Mais, en dehors d'eux, les autres appréciations du *Satiricon* chez nos écrivains contemporains ont rarement toute la précision et le relief que l'on voudrait.

Certains continuent à voir dans Pétrone un pur satirique. Paul de Saint-Victor (*Les deux Masques,* t. III, p. 645) est frappé de l'analogie du *Mariage de Figaro* avec le *Satiricon!* « Même désordre licencieux, même parodie des rangs et des lois, l'adolescence provoquée à l'amour, la femme au plaisir, l'esclave à l'insolence et aux représailles. On dirait des deux côtés un carnaval effréné, conduit par des affranchis et des proxénètes. » C'est là singulièrement méconnaître l'ironie calme, hautaine et amusée des peintures de Pétrone. Paul de Saint-Victor ne va-t-

____

1. Joris-Karl Huysmans, *A rebours* (Charpentier, 1884), p. 40 et suiv.

il pas jusqu'à comparer Suzanne entre la comtesse et
Chérubin à cette perverse Quartilla, toute brûlante
d'une ardeur lascive ! *Quartilla, jocantium libidine
accensa.*

Victor Hugo, dans son œuvre encyclopédique, n'a
pas omis le *Satiricon.* Évoquant, pour flétrir Napo-
léon III, toutes les turpitudes de la Rome impériale,
il n'a garde d'oublier Trimalchion ; c'est au contraire
un des personnages qu'il choisit volontiers pour sym-
boliser la décadence.

Les Châtiments. L. III, 18.

L'histoire a pour égout des temps comme les nôtres.

. . . .

Toute gloutonnerie et toute abjection,
Depuis Cambacérès jusqu'à Trimalcion.

L. VII, 4. *L'Égout de Rome.*

. . . .

Le chaudron renversé des noires Canidies,
Ce que Trimalcion vomit sur le chemin,
Tous les vices de Rome.....

De même dans *la Légende des siècles : Au lion
d'Androclès,* v. 5.

Où l'aigle avait plané, rampait le scorpion.
Trimalcion foulait les os de Scipion.

Une pièce de l'*Année terrible* réunit ce grotesque

à Borgia, à Escobar, à Rufin. C'est vraiment grandir outre mesure Trimalchion et lui prêter un caractère beaucoup trop tragique.

Mai. III.

> Et Borgia donna sa bénédiction,
> Czars, sultans, Escobar, Rufin, Trimalcion,
> Tous les conservateurs de l'antique souffrance,
> Admirèrent, disant : C'est fini ! Plus de France !

Et ailleurs :

Toute la lyre. 1, XXVI. *La misère humaine.*

> L'homme est...
> Tantôt Trimalcion, tantôt Ithuriel.

II, XXXII.

> Vivre est la seule ambition.
> Cuisons, joyeuse foule athée,
> Avec le feu de Prométhée,
> Le souper de Trimalcion !

Victor Hugo considère Pétrone non comme un romancier, mais comme un satirique, un Juvénal. On dirait qu'il le juge sur le titre de son ouvrage : le *Satiricon,* quand on le voit rapprocher ce nom de celui d'Archiloque.

Les Rayons et les Ombres. I. *Fonction du poète.*

> Pour flétrir ces hontes sans nombre,
> Pétrone, réveillé dans l'ombre,

Saisirait son style romain :
Autour de cette infâme époque
L'iambe boiteux d'Archiloque
Bondirait, le fouet à la main.

Il a cependant lu ou feuilleté le *Satiricon* et en rappelle certains traits. Ainsi dans *Le Rhin*, lettre XXI, — *Légende du beau Pécopin*, chap. XII. — Description d'un mauvais gîte :

« Dans une autre salle il n'y avait pour tout orne-
« ment que le portrait fort ressemblant du laquais
« qui, au festin de Trimalcion, faisait le tour de la
« table en chantant d'une voix délicate les sauces
« où il entre du benjoin [1]. »

En général, ce que les romantiques paraissent connaître du *Satiricon*, c'est surtout le festin de Trimalchion [2]. Théophile Gautier écrit (*Émaux et Camées — Bûchers et tombeaux*) :

Le monstre, sous la chair splendide.
Cachait son fantôme inconnu,
Et l'œil, de la vierge candide
Allait au bel éphèbe nu.

---

1. M. Buecheler a ici rétabli le texte qui était altéré. Voir Appendice II, p. 185.

2. M. Grisebach (*op. cit.*), a aussi établi un rapprochement assez curieux entre le conte de la *Matrone d'Éphèse* et la scène I de l'acte IV de *La Coupe et les lèvres*, d'Alfred de Musset (1832), scène entre Franck et Belcolor.

Seulement, pour pousser à boire,
Au banquet de Trimalcion,
Une larve, joujou d'ivoire,
Faisait son apparition [1].

Gustave Flaubert goûtait le *Satiricon*. Il le mentionne plusieurs fois dans sa Correspondance, et juge sommairement Pétrone dans ce passage de son étude sur Rabelais (*Par les champs et par les grèves*, Charpentier, 1885, p. 307) : « Où lui trouverons-nous un rival (à Rabelais)? Et d'abord, dans l'antiquité, est-ce Pétrone, Apulée, avec leur art prémédité, mesuré, leurs contours purs, leur savante corruption ? » »

C'est avec le *Neveu de Rameau*, de Diderot, qu'Edmond de Goncourt trouve au *Satiricon* certaines analogies, mais seulement au point de vue de la forme :

« Dimanche 12 avril. Ce soir, à dîner, la conversation est allée, je ne sais comment, au *Neveu de Rameau*, et, témoignant mon admiration pour cette merveilleuse improvisation dans cette langue grisée, avec ses changements de lieux, ses brisements de récits, ses interruptions brusques et soudaines de l'intérêt, je comparais ce livre au livre de Pétrone, au

1. Cf. Paul de Saint-Victor, *Hommes et dieux*, p. 318, éd. in-12 (Calmann Lévy) : La Comédie de la mort.

2. « Il songeait... à une sorte de *Matrone d'Éphèse* moderne, ayant été séduit par un sujet que lui avait raconté Tourguéneff. » (Guy de Maupassant, *Étude sur G. Flaubert*, en tête des *Lettres à George Sand*. Charpentier, 1884, p. LVI.)

festin de Trimalcion, avec ses trous, ses lacunes,
ses pertes de texte. » *Journal* — année 1891, p. 227
(Charpentier, 1895).

Ces jugements, dont on peut discuter les termes,
prouvent tout au moins que, à l'époque contemporaine, Pétrone est lu, prisé, avoué, mis à son véritable rang. M. Xavier de Ricard place sur la même
ligne le *Satiricon*, *Don Quichotte* et *Pantagruel*, « les
trois livres, dit-il, qui dominent tout, trois livres de
génie bien latin[1] ! »

Malgré les indignations pudibondes des Potde-
loup et des Ratin, Pétrone sort de ce cabinet secret
où souvent on le reléguait parce que son culte
semblait trop inséparable de celui de Priape. L'arbitre de l'élégance a retrouvé de nombreux lecteurs, comme en ce XVII° siècle où, à son école, Saint-
Évremond et Bussy allaient apprendre la politesse,
la galanterie, et aussi, nul n'en disconvient, le libor-
tinage.

D'autre part, ce qu'on peut appeler l'esprit pétronien a inspiré plus d'une œuvre moderne. Par son
ton ironique, le laisser-aller apparent, le décousu
spirituel des épisodes, l'élasticité du cadre, la *Rôtis-
serie de la reine Pédauque* de M. Anatole France me

---

1. *Anatole France et le Parnasse contemporain.* — *La Revue,*
1er février 1902, p. 306.

semble être une descendante du *Satiricon*, très informée d'ailleurs de son origine, bien que Jacques Tournebroche ne prétende avoir pris pour modèle qu'Aulu-Gelle en ses *Nuits attiques* et Apulée en sa *Métamorphose*.

D'imitations directes, de transpositions même du *Satiricon*, il n'en faut pas chercher beaucoup dans la période contemporaine. Ce n'est pas que la licence des peintures puisse arrêter une littérature qui, moins que jamais, se pique de pruderie. Auprès de maint roman actuel, le *Satiricon* paraît chaste. Mais la couleur locale y est trop précise et le détail trop romain pour pouvoir être aisément détaché et appliqué à d'autres œuvres. Cependant, plusieurs écrivains modernes ont fait des emprunts à Pétrone.

Ceux de Louis Bouilhet, dans sa *Faustine*[1], se bornent à peu de chose. Sans doute, le premier acte nous fait assister au festin donné par l'opulent affranchi Crispinus, qui offre quelques traits de ressemblance avec Trimalchion ; il en a la vanité fastueuse, sotte et impertinente. Mais son rôle est sans rapport avec celui que joue Trimalchion dans le *Satiricon*. Seul, le début de la scène II du deuxième tableau de l'acte I peut être rapproché du texte de Pétrone. Crispinus entre, appuyé sur deux jeunes enfants qui lui sou-

---

1. Drame représenté à la Porte-Saint-Martin le 20 février 1864.

tiennent les coudes, et dit : « Pardon, pardon, mes amis ! Je crois vraiment que je me suis fait attendre !... une partie d'osselets !... la tyrannie du jeu, vous savez [1] !... » Et plus loin : Crispinus, saisissant la fiole, à Galba : « Du falerne ! (à Iris) Du vieux falerne ! (à Galba) Près de cent ans ! (montrant l'étiquette) Lisez vous-même. (A Iris). Sous le consulat d'Annius Verus Pollio [2] ! »

Fort rares aussi sont les souvenirs de Pétrone que présente le conte de *Mélænis*, où il y a cependant une couleur romaine que L. Bouilhet avait dû demander aux peintres réalistes de la vie antique. Je n'y trouve qu'une imitation certaine du *Satiricon*, dans la strophe suivante (p. 163, éd. Lemerre) :

> Ruisselant de sueur et tout pétri de fard,
> Un homme vient ouvrir ; de son regard cupide
> Il parcourut Paulus : son visage blafard
> Suintait sous sa peinture, ainsi qu'un mur humide.

C'est sous ces traits que Pétrone représente son *cinædus* (ch. 24).

Le livre de M. Marcel Schwob intitulé *Cœur double* (Ollendorff, 1891) nous offre, condensées avec talent, en un pittoresque récit, quelques pages du

1. Cf. Pétrone, ch. 33.
2. Cf. *id.*, ch. 31.

festin de Trimalchion (les *Striges*, p. 1 sq.)[1]. Le même écrivain, dans ses *Vies imaginaires* (Paris, Bibl. Charpentier, 1896, p. 91), a composé une piquante et fantaisiste biographie de Pétrone[2].

On se serait attendu à ce que M. Jean Richepin, le plus latin des poètes français, au jugement de M. Jules Lemaître, eût tiré davantage parti du *Satiricon*, en « ces savoureuses *Latineries* où il imite à miracle ce que la pensée latine a de plus latin : les facéties fescennines, l'invective juvénalienne ou les

---

1. M. Schwob apprécie avec exactitude le caractère de l'œuvre de Pétrone, lorsqu'il écrit : « Il y a une *manière* de raconter et de décrire. L'humanité littéraire suit si volontiers les routes tracées par les premiers découvreurs, que la comédie n'a guère changé depuis la « maquette » fabriquée par Ménandre, ni le roman d'aventures depuis l'esquisse que Pétrone a dessinée. » *Spicilège*, Paris, Soc. du Mercure de France. 1896, p. 101.

2. Après nous avoir fait voir Pétrone enfant, élevé dans la mollesse, au milieu de tous les raffinements du luxe, il nous le montre parvenu à l'adolescence et initié alors, par un esclave du nom de Syrus, à la vie du bas peuple. Celui-ci le promène parmi les gladiateurs, les prêtres minables, les servantes friponnes, les mignons, les prostituées, du cirque aux bains et à l'orgastule :
. « Vers la trentième année, Pétrone commença d'écrire l'histoire d'esclaves errants et débauchés.... On dit que lorsqu'il eut achevé les seize livres de son invention, il fit venir Syrus pour les lui lire, et que l'esclave riait et criait à haute voix en frappant dans ses mains. Dans ce moment, ils formèrent le projet de mettre à exécution les aventures composées par Pétrone. Tacite rapporte faussement qu'il fut arbitre des élégances à la cour de Néron, et que Tigellin, jaloux, lui fit envoyer l'ordre de mort. Pétrone ne s'évanouit pas, délicatement, dans une baignoire de marbre, en murmurant de petits vers lascifs. Il s'enfuit avec Syrus et termina sa vie en parcourant les routes, etc. »

cyniques jovialités d'un Martial[1] ». Or, ce n'est qu'en de rares passages de ses *Contes de la décadence romaine*[2] que M. Richepin imite Pétrone. Le conte VII : *Au cochon rouge*, reproduit l'entretien des hôtes de la vieille popine, Proculus, grammairien et poète, Glabirax le popinier et Mammula, sa femme, *Philéros*, teneur de livres chez le banquier Pausanias, Adrastès le libitinaire, Maccius, marchand de meubles, *Glycon*, mignon d'Adrastès, Bucco, négociant en bêtes fauves, etc. On reconnaît là deux noms du *Satiricon*[3]. Voici un fragment de leur bavardage où reparaissent divers propos des affranchis de Pétrone :

« *Maccius.* C'est un édile de malheur, qui ne vaut pas trois figues pourries, et qui vous gratterait le vernis jusqu'au bois, pourvu qu'il en pût tirer un as coupé en quatre.

« *Mammula.* A qui le dis-tu ? Il nous égorge. Mais quoi d'étonnant ? Ne passe-t-il pas pour avoir été loup, une nuit qu'il avait posé sa toge par terre et qu'il en avait fait le tour, en prononçant des paroles faites pour Hécate ?

« *Adrastès.* Et en pissant sur un rythme impair, comme l'exigent les rites thessaliens.

---

1. J. Lemaitre. *Impressions de théâtre,* (10e série, 1898, p. 110)

2. Paris, Fasquelle, 1898.

3. Ceux qui sont en italiques.

« *Bucco*. Qu'il soit loup et vous mange, c'est bien fait ! Cela n'arriverait pas si l'on avait plus de sang sous les ongles. Mais, aujourd'hui, on ne voit plus que des foies blancs, par Hercule ! et le courage ressemble à la queue du veau, qui va en s'amincissant [1]. »

A peine peut-on encore soupçonner quelques vagues réminiscences du *Satiricon* au premier acte de la *Martyre*, de M. Richepin, où est mis en scène un repas.

Dans une note différente, il faut rappeler l'agréable comédie de M. Verconsin, la *Matrone d'Éphèse* (un acte en vers joué sur le théâtre du Gymnase le 5 octobre 1869). La donnée primitive y a été notablement modifiée et adoucie.

Le vieux conte milésien n'a donc pas entièrement disparu de la scène et les traces s'en retrouveraient encore en plus d'une page du roman contemporain. Il est très vraisemblable en effet qu'Alphonse Daudet s'est inspiré de la *Matrone d'Éphèse* au chapitre VI de l'*Immortel* [2]. Dans le monument funéraire d'Herbert de Rosen (qui remplace ici l'hypogée du conte grec), un nouvel amour vient consoler son inconsolable veuve. Mais, du moins, avant de suc-

---

1. Cf. Pétrone, ch. 44 et 62.
2. Paris, A. Lemerre, 1888.

comber comme la célèbre Matrone, Colette, plus sou-
cieuse de respecter les convenances sociales, oppo-
sera une résistance de deux ans au siège savant de
Paul Astier.

Singulièrement plus brutale et plus macabre est la
nouvelle de Paul Alexis : *Après la bataille*, qui fait
partie du recueil intitulé *Les Soirées de Médan*. Mais
il est loin d'être prouvé que le conteur réaliste ait
songé à la *Matrone d'Éphèse*, à laquelle M. Édouard
Koschwitz compare son récit [1].

Quant aux autres épisodes du *Satiricon*, ils n'ont
pas fourni et pouvaient d'ailleurs malaisément fournir matière à des pièces de théâtre. Le *Banquet de
Trimalcion*, un acte de M. Laurent Tailhade, d'a-
bord destiné au *Chat noir*, puis annoncé par le
théâtre de l'Œuvre, dans son programme de 1897,
n'a pas encore été représenté.

Il me reste à indiquer les pièces de théâtre et les
romans où Pétrone lui-même joue un rôle.

---

1. *Die französische Novellistik und Romanliteratur über den
Krieg von 1870-71*. Berlin, Wilhelm Gronau, 1893.

CHAPITRE V

LE PERSONNAGE DE PÉTRONE DANS LE ROMAN ET AU THÉATRE

Plus qu'aucune autre œuvre contemporaine, le roman de *Quo Vadis* de M. Henrik Sienckiewicz et le drame qui en a été tiré ont placé en pleine lumière le personnage de Pétrone. Depuis lors, son nom est devenu familier au grand public ; pendant plusieurs mois, il n'est guère de salon qui ne se soit entretenu de lui ; il fut célébré par les journaux [1] et les revues, dont plusieurs, à cette occasion, découvrirent le *Satiricon*. Il suscita des imitations nombreuses et naguère encore on en publiait une suite [2].

Ce n'était pas cependant la première fois que le roman et le théâtre mettaient Pétrone en scène. Ainsi il joue un rôle épisodique dans l'*Orgie romaine* de

---

1. Parmi les meilleurs articles sur Pétrone, inspirés par le succès de *Quo Vadis*, on peut citer le spirituel *Billet du matin*, de Henry Fouquier (*Temps*, 18 septembre 1900, *A Pétrone*), et la *Chronique théâtrale* de M. G. Larroumet, à propos du livre de M. E. Thomas, (*Temps*, 23 septembre 1901.)

2. *Urbi et Orbi* (roman des temps postnéroniens), par C. Albin de Cigala. Paris. Lethielleux, 1904. Le *Quo Vadis* de M. Sienckiewicz a été de nouveau traduit cette année : *Nouvelle traduction complète d'après l'original*, par P.-A. de Roncey. Illustrations de Tofani. Paris, Garnier frères, 1904. in-12.

M. Castanier ; il figure dans l'*Incendie de Rome*, drame historique de MM. Armand Ephraïm et Jean de la Hode, avec lequel la *Martyre* de M. Jean Richepin n'est pas sans offrir certaines analogies. Le Pétrone de l'*Incendie de Rome* n'est qu'un personnage secondaire, un courtisan élégant et spirituel, arbitre du bon ton, qui fait des mots au banquet de Pedanius Secundus, dont la magnificence rappelle un peu celui de Trimalchion[1].

Ces esquisses assez pâles se sont éclipsées dans le rayonnement du Pétrone de *Quo Vadis*. Là, ce patricien voluptueux et délicat, qui sut mourir avec un stoïcisme souriant, est un des protagonistes de l'action. Il n'a pas peu contribué au succès vraiment colossal du roman, succès qui peut s'expliquer par diverses causes. Tout d'abord, le sujet est, en lui-même, d'un intérêt saisissant : « L'orgie de Néron, « dit Renan[2], fut le grand baptême de sang qui dé- « signa Rome, comme la ville des martyrs, pour « jouer un rôle à part dans l'histoire du christia-

---

1. Les deux auteurs n'avaient pas eu connaissance de *Quo Vadis*, dont la première édition, en polonais, est de 1895. Des fragments importants de cette œuvre ont été traduits par Mme la baronne C. de Baulny, née Rouher. et publiés par le *Correspondant* (nos du 25 décembre 1896, 10 et 25 janvier 1897), mais sans attirer beaucoup l'attention du public. On sait que la traduction française intégrale du roman par M. Kozakiewicz et de Janasz a paru seulement en 1900 (édition de la *Revue Blanche*), in-12, 645 p.

2. *L'Antechrist*, p. 177.

« nisme et être la seconde ville sainte. » C'est cette crise décisive que M. Sienckiewicz a voulu peindre.

Malgré des longueurs, le roman, dans son ensemble, est solidement construit et mené avec une habileté remarquable. L'intérêt se soutient jusqu'au bout et le dénouement est de ceux qui satisfont les âmes sensibles aux amours du jeune premier et de la jeune première. Ces termes sont ici de mise. Car, comme le fait avec raison observer M. Camille Mauclair[1], « tout l'ouvrage a un développement de drame « en cinq actes avec décors à effet ; tout y est bien « réglé. Je crois que les adaptateurs à la scène ne se « sont pas donné grand mal pour bâtir leur scénario ; « car il semble préparé dans le roman. »

L'antithèse est adroitement · établie entre les scènes de débauche et de barbarie où éclate la perversité du paganisme, et les scènes de dévouement et d'héroïsme où se révèle dans toute sa pureté le christianisme naissant.

Quant aux caractères, quelques-uns sont fortement dessinés, ceux de Pétrone et de Néron surtout. A d'autres, tels que Vinicius, Lygie, Eunice, Chilon, M. Sienckiewicz a donné une teinte mélodramatique ou sentimentale qui séduit toujours une nombreuse classe de lecteurs.

---

1. *Nouvelle Revue*, 1er août 1901 : *Le Roman historique français.*

Les descriptions ont de l'ampleur. Une documentation en général suffisante a permis à l'auteur de répandre sur son œuvre un vernis de couleur locale de nature à surprendre et à ravir les esprits encore peu versés dans la connaissance de l'antiquité. Avec Tacite, Suétone, de Rossi, Friedlænder, Renan, etc., et quelques livres d'archéologie, ce résultat a pu être obtenu sans trop de peine.

Est-ce assez de ces mérites d'ordre moyen, et que beaucoup de romanciers possèdent à un égal degré, pour expliquer la vogue prodigieuse de ce livre, devenu si rapidement populaire, qui a été traduit dans toutes les langues et dont les éditions se multiplient sans fin ? Je ne le crois pas. Une autre raison, et non des moindres, de ce succès étonnant, me paraît être celle-ci : cette œuvre, qui est le tableau des origines du christianisme et que, dit-on, le pape Léon XIII a bénie, a eu pour elle, outre les lecteurs habituels de romans, l'immense clientèle de ceux qui, dans tous les pays, n'avaient pas coutume d'en lire. Sur des tables où ne s'ouvraient que des livres de dévotion, *Quo Vadis* a trouvé sa place. Les bibliothèques des ecclésiastiques et des couvents l'ont accueilli. Des éditions expurgées des pages où sont décrites librement les orgies de Néron ont pénétré jusque dans les familles les plus pieuses. La presse religieuse a vanté sur tous les tons ce roman édifiant. Les autres journaux, eux aussi, ont eu pour la plupart des dithyrambes célébrant « ce livre de foi, « ce livre de ferveur idéaliste, où se font entendre « les cantiques les plus suaves et les hymnes les « plus puissants qui puissent donner l'avant-goût des « concerts du ciel..., livre essentiellement religieux « qui glorifie et met en scène les origines du chris- « tianisme, qui montre les chrétiens se réunissant la « nuit dans les carrières de sable, dans les cime- « tières, dans les lieux les plus âpres, pour entendre « la prédication du pêcheur Pierre et y puisant un « courage inouï pour affronter les tortures de « l'arène[1] ». Une si retentissante réclame ne pouvait demeurer infructueuse.

Ce n'est pas le lieu d'ajouter une nouvelle dis- sertation à toutes celles qui, dans les diverses langues, ont été écrites sur *Quo Vadis*. Seul, le per- sonnage de Pétrone nous intéresse ici. Tout, d'ail- leurs, a été dit sur ce roman. On n'a qu'à compulser quelques-uns des innombrables articles qui lui ont été consacrés et l'on aura aisément toute la gamme de la critique, depuis l'éloge hyperbolique, enthou- siaste, délirant, de ceux qui vont criant au chef- d'œuvre, jusqu'à l'éreintement systématique. Il en est qui dénoncent le plagiat, dépècent le livre, s'ef-

____

1. *Le Matin.*

forcent de prouver que ce n'est qu'une rhapsodie assez vulgaire. Selon ces derniers, sans les *Martyrs* de Chateaubriand, *Fabiola* du cardinal Wiseman, les *Derniers jours de Pompéi* de sir Bulwer Lytton, *Acté* d'Alexandre Dumas et même *Melænis* de Louis Bouilhet, *Quo Vadis* n'existerait pas. Qu'est-ce que Vinicius et Lygie, sinon Eudore et Cymodocée ? Le Pétrone de *Quo Vadis* figure sous le nom de Salluste dans le roman de Bulwer Lytton, etc., etc. Et que d'emprunts encore à d'autres œuvres ! Ursus, par exemple, c'est le Porthos des *Trois mousquetaires* ou le Moroch du *Juif errant*, etc., etc.

M. Sienckiewicz se défend d'avoir imité tel ou tel de ces romans. « Je vous avouerai un fait curieux, « écrit-il à M. Kozakiewicz[1], c'est que je ne connais « pas du tout les *Martyrs* de Chateaubriand ni *Acté* « de Dumas..., les *Martyrs* n'étant pas tombés sous « mes mains. Je savais que ce livre existait; mais « c'est tout. Quant à *Acté*, je n'en avais jamais en- « tendu parler. » — Et plus loin : « En polonais, il « existe... *Rome sous Néron* de Kraszewski et *Iry-* « *dion* de Kraszinski, d'autant plus supérieurs aux « *Martyrs* de Chateaubriand et à l'*Acté* de Dumas « que Kraszinski était réellement plus grand écri- « vain et plus grand poète que ces deux auteurs. »

------

1. Lettre publiée par le *Figaro* du 7 avril 1901.

M. E. Faguet n'a pas eu de peine à faire ressortir l'illogisme de ce jugement. M. Sienckiewicz trouve *Irydion* infiniment supérieur aux *Martyrs*, qu'il n'a jamais lus. Inclinons-nous et ne voyons là qu'une variante du mot historique : *Vive la Pologne! monsieur*.

Une chose du moins est hors de contestation, c'est qu'en écrivant, ainsi que l'indique son sous titre, un roman des temps néroniens, M. Sienckiewicz est entré dans une voie déjà passablement foulée. Qu'il ait ou non connu ses devanciers, il est permis d'examiner s'il a fait mieux ou autrement qu'eux. On constate tout d'abord que son œuvre est composée selon la formule classique du genre : *roman de la décadence romaine*. Le fond est toujours l'opposition entre le paganisme à son déclin, près de sombrer dans ses orgies sanguinaires, et le christianisme, surgissant dans une aube sereine de foi, de sacrifice et d'amour. Avec des mérites littéraires fort inégaux, Chateaubriand, Dumas père, le cardinal Wiseman, Bulwer Lytton n'ont pas traité d'autre thème. A ce point de vue, une comparaison entre *Quo Vadis* et *Acté* serait particulièrement instructive. Les deux œuvres nous offrent, en plus d'une scène, un véritable parallélisme. Le récit de saint Paul à Acté (p. 147 sq.), c'est, à bien des égards, la prédication de saint Pierre à l'Ostrianum (*Quo Vadis*, 1re partie, chap. XX). Les combats de gladiateurs et les chrétiens aux lions sont dans Alexandre Dumas. Acté est sauvée presque miraculeusement parce que la tigresse qui devait la dévorer la reconnaît, car elle lui a autrefois appartenu, et se couche à ses pieds, tel le lion d'Androclès. Alors le peuple fait grâce à Acté. N'est-ce pas par une sorte de prodige analogue que, contre toute attente, Lygie est sauvée de l'aurochs? Dans *Acté*, il y a encore un banquet donné par Néron, il y a le récit de sa mort, comme dans *Quo Vadis*.

D'autres tableaux, évidemment, s'y rencontrent qui ne sont pas chez M. Sienckiewicz, de même que de nombreuses scènes de *Quo Vadis* n'ont rien de commun avec le roman de Dumas. Celui-ci nous décrit les jeux célébrés à Corinthe, où Néron triomphe, il introduit Locuste et ses poisons, etc. Mais M. Sienckiewicz, avec l'incendie de Rome, les chrétiens éclairant comme des torches vivantes les jardins de Néron, la fête donnée par Tigellin sur les bords de l'étang d'Agrippa, etc., est infiniment plus riche en descriptions.

On n'a pas manqué non plus de signaler d'assez grandes analogies entre *Quo Vadis* et les *Derniers jours de Pompéi*. M. Maurice Muret[1] fait observer

---

1. *Débats*, 8 avril 1901.

que les personnages de l'un et l'autre roman se cor-
respondent d'une façon singulière : ainsi le groupe
sympathique représenté par Lygie et Vinicius est
figuré chez Bulwer Lytton par Ione et Glaucus.
« Glaucus est un jeune Grec riche et beau. Par
« amour pour Ione, il renonce à l'existence de plai-
« sir qu'il menait et, désormais, n'a plus qu'un but :
« gagner le cœur de cette jeune fille chrétienne si
« pure et si douce. » Glaucus aussi se convertit,
Glaucus aussi est condamné aux bêtes et sauvé par
une sorte de miracle.

Vers le même temps que M. Sienckiewicz, dans
l'*Orgie romaine* (Paris, Charles, 1897), M. Castanier
essayait de reconstituer un tableau aussi exact que
possible de la décadence romaine. Son roman nous
raconte les amours adultères de Messaline et de Silius ainsi que le châtiment arraché par Narcisse à la
faiblesse de Claude. Mais ce qui, dans cette œuvre,
est surtout développé, ce sont les descriptions topo-
graphiques de Rome, la peinture des différents as-
pects de la vie romaine au temps des Césars (séances
du Sénat et audiences des tribunaux, combats du
cirque, toilette d'une Romaine, scènes de magie,
etc., etc.), enfin, les débauches de la cour impériale
avec tous leurs raffinements. Messaline est le centre
du roman, c'est tout dire. Inévitablement aussi, la
société chrétienne naissante fait contraste.

Ce livre a eu, je crois, peu de succès, bien que l'érudition en soit de bon aloi et l'exécution consciencieuse. Mais il manque à M. Castanier le don de la création, de la vie. Surtout, il n'a pas le style artiste et évocateur. Ici se révèle, bien plus que chez M. Sienckiewicz, tout le factice de ce genre du roman historique, placé entre ces deux écueils, de contenir trop d'histoire pour un roman ou trop de romanesque pour une histoire.

Dans l'*Orgie romaine*, Pétrone apparaît. Aux premières pages du roman, on le voit dans les jardins de Lucius et de Caius, après le banquet de Claude et de Messaline. Il est représenté comme un jeune poète, ami de Silius Italicus. M. Castanier lui conserve son caractère de voluptueux élégant et distingué. Il lui prête (p. 51), en réponse à une question de Messaline, un couplet sur ses amours. Pétrone déclare qu'il ne courtise pas les femmes mariées : car trop de périls sont à courir pour celui qui poursuit les beautés patriciennes ; il ne va pas non plus chercher ses maîtresses dans les mauvais lieux de Suburre ou du Summénium. Les affranchies lui offrent un plaisir délicat et sans risques. Il est (p. 53) l'apologiste des amours faciles. Enfin, on rappelle (pp. 22 et 53) un caprice de Pétrone pour Poppéa Sabina.

Si je mentionne ce roman plus estimable que

passionnant, c'est parce que, comme *Quo Vadis*, il compte Pétrone parmi ses personnages [1]. Mais ici l'auteur du *Satiricon* reste au troisième ou quatrième plan. M. Sienckiewicz a donc le mérite, qu'on s'accorde d'ailleurs à lui reconnaître, d'avoir, tout en s'inspirant du texte de Tacite, conçu ce caractère de Pétrone d'une manière intéressante et assez neuve. « La figure de Pétrone, dit très justement M. Ca- « mille Mauclair, la plus solide du livre, est bien « présentée et vraiment réalisée par un homme de

---

1. Je ne saurais, à propos de *Quo Vadis*, indiquer tous les romans pseudo-antiques que ces dernières années surtout ont vus éclore en grand nombre, et dont la Rome impériale, sous les Césars, est le sujet. Messaline en particulier, tout comme Néron, a eu les honneurs d'une littérature copieuse. Après l'œuvre bizarre de M. Alfred Jarry, *Messaline*, roman de l'ancienne Rome (Paris, éd. de la *Revue Blanche*, 1901), nous avons eu la *Messaline* de M. Nonce Casanova (Paris, Ollendorff, 1903), l'*Orgie latine*, de Félicien Champsaur, (Paris, Fasquelle, 1903), sans compter le livret d'Armand Silvestre et Eugène Morand pour l'opéra de M. Isidore de Lara, représenté à la fin de 1903, au Théâtre lyrique de la Gaîté.

Avec M. Hugues Rebell (*Le Baiser de l'esclave*, Paris, Per Lamm [Nilsson], 1901), nous revenons à Néron ; mais l'auteur s'est fort peu inspiré de l'histoire ; il a donné carrière à son imagination, sans chercher à revêtir son récit d'une exacte couleur antique. Nous goûtons davantage son talent dans les œuvres où il traite des sujets modernes.

Pour la plupart, les romans que nous venons d'énumérer offrent en commun l'étalage d'une archéologie plus ou moins informée, et de faciles effets d'opposition entre le monde païen qui meurt et la société chrétienne qui naît. Tous, sans exception, se caractérisent par la crudité des peintures licencieuses, auxquelles succèdent des descriptions de supplices d'une cruauté raffinée. Rien de semblable chez Pétrone. Sa verve, très libre, ne mêle jamais les voluptés et le sang, et sa perversité reste joyeuse.

« talent. On pourrait contester le goût de certaines
« saillies, qui sont plutôt d'un rédacteur de journal
« mondain que d'un Romain, et le personnage est
« un peu agaçant, parce qu'il ne manque jamais de
« placer sa maxime humoristique dans toutes les
« situations, à point nommé. Lui aussi plastronne
« à la rampe, mais enfin il existe, il est cohérent,
« il intéresse, et c'est avec Néron la seule figure
« vivante de *Quo Vadis*, auprès de véritables pan-
« tins comme Ursus ou Vinicius, construits sur
« deux ou trois traits qu'ils reproduisent indéfini-
« ment. »

L'originalité du livre de M. Sienckiewicz, en tant
que roman des temps néroniens, est donc la grande
place faite à Pétrone qui, ailleurs, n'est qu'un troisième rôle ou une grande utilité. Quoique le caractère de Néron, ce cabotin cruel et névrosé, soit
également bien compris, on peut dire que Tacite,
Suétone, Renan, en son *Antechrist,* pour me borner à
ces noms, facilitaient singulièrement la tâche du
romancier.

Ainsi, le Pétrone de *Quo Vadis* est intéressant,
nul ne le conteste. Mais on peut se demander s'il
concorde avec l'idée que nous nous faisons de l'auteur du *Satiricon* (car, pour M. Sienckiewicz, l'identification est certaine entre l'écrivain qui a composé
ce roman et le Pétrone dont parle Tacite). M. Émile

Thomas s'est déjà posé cette question[1]. Tout en rendant justice aux qualités du roman, il estime que M. Sienckiewicz n'a guère fait de l'arbitre des élégances qu'un arbitre des voluptés, « et l'a ramené, « pour presque tout le reste, à la taille d'un bon « oncle de comédie ou de roman ; son Pétrone res- « semble assez à quelque duc de Mora, surtout préoc- « cupé de donner à son terrible neveu d'utiles leçons « de tenue ». Les quelques traits qui le caractérisent seraient plutôt anachroniques[2].

Le reproche que, pour ma part, j'adresserais encore à M. Sienckiewicz relativement à son personnage est celui-ci : Pourquoi, dans les lettres ou les conversations qu'il lui prête, a-t-il si peu tiré parti du *Satiricon?* — dont il parle en ces termes, p. 21 :

« Devant la librairie d'Aviranus, la litière s'arrêta. « Pétrone descendit, acheta un élégant manuscrit et « le remit à Vinicius.

« — C'est un cadeau que je te fais, dit-il.

« — Merci, répondit Vinicius, en regardant le « titre. Le *Satiricon?* C'est nouveau ? De qui ?

« — De moi. Mais je ne veux pas aller sur les « traces de ce Rufinus dont je vais te conter l'his- « toire, ni sur celles de Fabricius Veiento ; c'est

---

1. *Op. cit.*, p. 217. *Le Pétrone de* Quo Vadis.
2. Cf, p. 220.

« pourquoi personne n'en sait rien ; et toi, n'en parle
« à personne.

« — Tu me disais que tu ne faisais pas de vers,
« dit Vinicius, et je vois ici force vers alternant avec
« la prose.

« — Lorsque tu liras, porte ton attention sur le
« repas de Trimalcion. Quant aux vers, j'en suis
« dégoûté depuis que Néron écrit une épopée. »

Avec le nom de Trimalchion, mentionné encore
une fois incidemment, c'est tout ce que j'ai trouvé
dans *Quo Vadis* qui impliquât un souvenir du *Satiricon*. J'ai peine cependant à croire qu'un écrivain
qui possède, à un aussi haut degré que M. Sienckiewicz, le talent de l'assimilation, n'aurait pas pu
puiser dans une étude plus approfondie du *Satiricon*
des inspirations heureuses. Il y eût certainement
trouvé de piquants motifs pour relever le thème,
parfois assez banal, des lettres de Pétrone. Il aurait
pu assaisonner ses conversations de quelques citations appropriées. Le *Satiricon* ne lui eût pas été
inutile pour la peinture du caractère de *l'arbiter elegantiæ*, bien que celui-ci ne se laisse pas aisément
entrevoir à travers son œuvre. Cet ouvrage lui aurait
rendu encore d'autres services. Tous les personnages
de *Quo Vadis,* même ceux du peuple, parlent trop
noblement. Ils ont le langage vague et convenu du
mélodrame. Rien ou presque rien qui ait sa date, sa

couleur propre. Eh bien ! c'est cette couleur que la conversation des affranchis chez Trimalchion lui aurait abondamment fournie. La plèbe qui, chez lui, s'aperçoit à peine, qui ne vit pas, serait apparue avec ses vices, ses habitudes, ses ridicules, ses superstitions, son amusante loquacité, et, sur ce fond de tableau, avec quel relief les figures héroïques se seraient détachées ! J'ajoute que, même les personnages de premier plan, patriciens, courtisans de Néron, lettrés, ont, chez M. Sienckiewicz, un style apprêté qu'aurait corrigé une imitation intelligente de Pétrone.

On est donc en droit de regretter qu'il n'ait pas songé à mettre à profit le *Satiricon,* pour donner un coloris plus exact à certaines de ses peintures de la vie antique. Je crains qu'il n'ait feuilleté cette œuvre d'une main trop nonchalante et qu'il n'en ait qu'une idée assez vague.

Ce qu'il sait de Pétrone, il le doit surtout à Tacite. Il a puisé dans les chapitres XVIII et XIX du seizième livre des *Annales* les principaux traits de ce caractère qu'il a, nous l'avons dit, heureusement développé. M. H. Sienckiewicz a pris aussi connaissance des autres textes si peu nombreux relatifs à Pétrone. On trouve, à la page 633, un souvenir de ce passage de Pline l'Ancien (*Nat. hist.,* l. XXXVII, chap. II) : *T. Petronius consularis moriturus, invidia Neronis principis, ut mensam ejus exheredaret, trullam murrhinam CCC H-S. emptam fregit.*

« Il leva, écrit M. Sienckiewicz, sa coupe de Myr-
« rhène, coupe sans prix, où s'irradiaient tous les
« reflets de l'arc-en-ciel, et dit aux convives :

« Voici la coupe de mon offrande à la reine de
« Cypre. Que nulles lèvres désormais ne l'effleurent
« et que nulle main ne s'en serve en l'honneur d'une
« autre divinité !

« Et la coupe alla se briser sur le dallage semé de
« pâle safran. »

Ici, l'auteur de *Quo Vadis*, tout chaud d'une érudition un peu hâtive, me paraît avoir créé de toutes
pièces, par suite d'un faux sens sur le texte de
Pline, une ville de Myrrhène qui n'a jamais existé.
Trullam murrhinam signifie un vase murrhin, vase
précieux fait avec la murrhe, minéral qui serait, à
ce que l'on croit, le fluate de chaux ou la fluorine[1].

Le trait assurément le plus inattendu du caractère de Pétrone, dans *Quo Vadis*, c'est cette curiosité sympathique qu'il témoigne pour les chrétiens.
On le voit, désireux de connaître la religion nouvelle, s'entretenir avec Paul de Tarse[2].

---

1. La bévue serait-elle le fait du traducteur ? Il faut alors lui
signaler aussi, p. 570, *l'Auréolus* pour *Lauréolus* ; p. 844, *Gallon*
pour *Gallion*, etc.

2. Cf. p. 358, 623.

Que l'on ait imaginé des rapports entre Sénèque et saint Paul, cela n'est pas, après tout, pour surprendre, quand on connaît les tendances du stoïcisme à l'époque des Césars. On s'explique que, pendant longtemps, la correspondance apocryphe de l'Apôtre avec le ministre de Néron ait pu être considérée comme authentique [1]. Mais Pétrone et saint Paul ! Ce rapprochement, tout d'abord, nous déconcerte. Entre eux, quoi de commun ? Qui aurait pu les amener l'un vers l'autre ?

Sans doute, il n'est pas impossible que le regard observateur de Pétrone ait pénétré jusque dans les coins obscurs et reculés des quartiers misérables où vivaient alors les chrétiens. Il a pu, comme Tacite, blâmer l'excessive cruauté des supplices qui leur furent infligés par Néron, quelque mépris qu'il éprouvât pour ces hommes appartenant aux dernières classes de la société, affranchis, artisans, esclaves, qu'il devait considérer comme en proie à des superstitions malfaisantes [2]. Tels étaient les sentiments des patriciens de ce temps et, si Pétrone a pu soupçonner l'existence des chrétiens, qui, d'ailleurs, aux yeux des Romains, ne se distinguaient pas des Juifs,

---

1. V. Ch. Aubertin, *Sénèque et saint Paul*. Paris, Belin, 1857.

2. Cf. Tacite, *Annales*, XV, 44 ; Suétone, *Vita Neronis*, 16 : « *Afflicti suppliciis christiani, genus hominum superstitionis novæ et maleficæ.* »

il est très peu probable qu'il ait poussé bien loin sur
eux son enquête.

Admettons cependant pour un moment que Pétrone ait connu ou entrevu les chrétiens. Le *Satiricon* contient-il quelques indices de nature à confirmer cette hypothèse ? Peut-on, jusqu'à un certain
point, y démêler ce qu'il a pensé de la religion nouvelle ? Ce petit problème, qu'il n'est pas inopportun
de se poser à propos de *Quo Vadis*, avait été déjà
soulevé par quelques critiques. Plus récemment,
M. A. Sogliano l'a examiné d'une manière plus approfondie. Mais je ne saurais me ranger à sa conclu-
sion.

Le très distingué archéologue italien a repris et
traité divers points de la question de Pétrone en une
série d'articles publiés sous ce titre : *Miscellanea epi-
grafica napoletane. Contributo alla storia e topografia
antica di Napoli* [1]. Par une argumentation savante
et ingénieuse, mais insuffisamment probante, il s'attache à démontrer que le Pétrone dont parle Tacite
et l'auteur du *Satiricon* sont deux personnes d's-
tinctes [2]. Ce dernier aurait vécu, non pas sous Néron,

---

1. *Archivio storico per le provincie Napoletane*, Napoli, Furch-
heim, anno XIX, fascicolo I, III, 1894 ; anno XX, fascicolo I, IV,
1895 ; anno XXI, fascicolo I, 1896.

2. La thèse est en soi soutenable, assurément. Mais ici je dois me
borner à discuter la valeur d'un des arguments de M. Sogliano.

mais dans la deuxième moitié du II° siècle, sous les
Antonins, ou même au III° siècle. Une des preuves
que M. Sogliano apporte à l'appui de son opinion,
est la suivante : Pétrone non seulement a connu le
christianisme, mais encore l'a combattu dans son
Satiricon. « Nouvel Aristophane, il dirige le trait
« acéré de la satire contre la personne même du
« Christ, le propagateur des idées nouvelles. » Il fait
des allusions ironiques à la Passion et parodie la
Cène. Or, s'il était vraiment le contemporain de
Néron, l'*elegantiæ arbiter*, il est infiniment peu probable qu'il eût pu entendre parler de la Passion du
Christ et surtout en connaître les détails. Sur ce
point, nous donnons pleinement raison à M. Sogliano.
En effet, dans aucun des écrivains latins ou grecs
de l'époque de Néron, on ne découvre la moindre
allusion au christianisme. « Au temps de Néron, dit
« M. Aubertin [1], les chrétiens étaient trop peu nom-
« breux, trop ignorés, trop souvent confondus avec
« les sectateurs des superstitions barbares, pour que
« leur doctrine et leurs écrits attirassent l'attention
« des païens... Les livres chrétiens, écrits pour des
« initiés, intelligibles pour eux seuls, dépouillés de
« tous les agréments propres à piquer le goût des
« hommes, restèrent secrets pendant de longues an-

---

1. *Op. cit.*, p. 186, 187.

« nées, comme les assemblées mêmes des premiers
« chrétiens, comme les dogmes et la doctrine qu'ils
« exprimaient. Ce n'est qu'au temps de Celse et de
« Julien que les païens paraissent instruits de leur
« existence. »

Nous sommes donc tout disposé à concéder à
M. Sogliano que, si le *Satiricon* parodie les croyan-
ces et le culte chrétiens, cette parodie se compren-
drait bien mieux chez un auteur du commencement
du III° siècle que chez un contemporain de Néron.

Mais voyons d'abord d'un peu près ces allusions
ironiques à la Passion et à la Cène que M. Sogliano a cru découvrir en divers passages du *Satiricon*. Le conte fameux de la *Matrone d'Éphèse*
contient cette phrase (chap. 112) : « *Itaque unius
« cruciarii parentes, ut viderunt laxatam custodiam,
« detraxerunt nocte pendentem supremoque mandave-
« runt officio.* » « Pour lors, les parents de l'un des
crucifiés, ayant remarqué du relâchement dans la
surveillance, détachèrent nuitamment le cadavre
de sa croix et lui rendirent les derniers devoirs. »
M. Sogliano reconnaît ici, non seulement une allusion
à la résurrection du Christ, mais de plus une explication naturelle du miracle. Ce n'est pas tout. La
matrone d'Éphèse, accompagnant, avec sa fidèle servante, jusqu'en son dernier gîte, jusqu'en ce caveau
funèbre où elle veut mourir auprès de son tombeau,

ce mari si passionnément adoré et si vite oublié, la matrone d'Éphèse, ce type de l'inconstance et de la fragilité féminines, pourrait bien, selon M. Sogliano, rappeler, sous forme de parodie, la visite des saintes femmes au tombeau du Nazaréen. Pétrone aurait ainsi combiné d'une manière comique divers traits appartenant au dernier acte de la tragédie sacrée dont le Golgotha fut le théâtre.

Mais voici, parait-il, une allusion plus claire encore. Au chapitre 141, Pétrone nous rapporte les dernières dispositions du testament d'Eumolpe. On sait que le vieux poète rusé vit à Crotone, aux dépens des coureurs d'héritages, en se faisant passer pour un vieillard d'Afrique, très riche et sans enfant. Il révèle à ses héritiers qu'une clause de son testament les oblige, s'ils veulent toucher le montant de leur legs, à manger son corps coupé en morceaux : « *Omnes, qui in testamento meo legata habent, præter libertos meos, hac condicione percipient quæ dedi, si corpus meum in partes conciderint et, adstante populo, comederint.* » « Tous ceux qui ont des legs sur mon testament, sauf mes affranchis, ne recueilleront ce que je leur donne qu'à une condition, c'est qu'ils couperont mon corps en morceaux et en feront publiquement un repas. » Les interprètes de Pétrone sont d'accord, affirme M. Sogliano, pour reconnaître ici une parodie directe des paroles de l'Évangile de

saint Jean : « *Nisi manducaveritis carnem filii homi-
nis et biberitis ejus sanguinem, non habebitis vitam in
vobis* ». « Et, ajoute-t il, je ne puis chasser de mon
« esprit l'idée que le chant du coq (*gallus gallina-
« ceus*) qui vient, comme un mauvais présage, trou-
« bler Trimalcion au commencement du second
« banquet (chap. 74), est une réminiscence lointaine
« de ce chant du coq qui a aussi un rôle dans le
« drame de la Passion. »

Il s'en faut de beaucoup, quoi qu'en dise M. Sogliano, que tous les commentateurs de Pétrone ad-
mettent ces prétendues allusions à la Cène, non plus
que celles qui viseraient la déposition et l'ensevelissement du Christ. Si quelques-uns semblent accepter
cette interprétation, si M. Ribbeck est porté à considérer les mots : *corpus meum comederint* sq. comme
une parodie du repas commun des chrétiens, d'autres critiques estimènt qu'il n'y a là qu'un rapprochement de mots tout fortuit. Pour ma part, je me
refuse absolument à voir dans les passages allégués
par M. Sogliano la plus légère allusion au christianisme.

Je ferai d'abord remarquer que le *Satiricon* ne
nomme nulle part les chrétiens. Sans doute, il ne
nous est parvenu de ce roman fort étendu que des
fragments mutilés. Mais les Juifs s'y trouvent mentionnés expressément. « Pourquoi ne pas aussi nous

« circoncire, dit Giton à Eumolpe, afin que nous
« ayons l'air de Juifs (chap. 102)? *Quidni? inquit*
« *Giton, etiam circumcide nos, ut Judœi videamur?* »
Si le fragment XXXVII de l'édition de Buecheler
(1882, p. 117) appartient bien à Pétrone, sous le nom
duquel Claude Binet l'a inscrit, il nous apporterait
une preuve de plus que notre auteur a entendu
parler des Juifs et de leur culte. Il est vrai qu'à
des notions exactes il mêle les fables ridicules qui
avaient cours sur leur compte.

Pourquoi, puisqu'il sait, selon M. Sogliano, fair·
la différence entre les deux religions et semble au
courant de l'Évangile, n'a-t-il pas nommé les chrétiens tout comme les Juifs? Pourquoi procède-t-il
seulement à leur égard par voie d'allusions parodi-
ques? Qu'il ait écrit sous Néron ou sous les Antonins, quel intérêt cet épicurien sceptique pouvait-il
avoir à ménager une secte détestée ou méprisée et à
ne parler d'elle qu'à mots couverts? Ne pouvait-il
pas s'exprimer franchement et sans ambages? Si
réellement son intention eût été de parodier la Cène
et la Passion, n'eût-il pas d'un mot précis souligné
le rapprochement?

Ces allusions si enveloppées, si indirectes, si dis-
crètes, c'est, je le crains bien, la subtile ingéniosité
de M. Sogliano lui-même qui les a créées. Nous fau-
dra-t-il chercher des railleries à l'adresse du chris-

tianisme dans tous les passages des écrivains satiriques latins ou grecs, postérieurs à Tibère, où il sera question de crucifiement, d'ensevelissement, de chant de coq? On voit où pourrait mener un tel système d'exégèse et je m'étonne qu'on se soit arrêté en si beau chemin. Ainsi, au chapitre 71 du *Satiricon*, on lit: *Inaudito... more pueri capillati attulerunt unguentum in argentea pelve pedesque recumbentium unxerunt.* N'est-ce pas une parodie évidente de ce passage de l'Évangile selon saint Jean (XII, 3) où est décrite l'onction des pieds de Jésus par Marie de Magdala? « *Maria ergo accepit libram unguenti nardi pretiosi et unxit pedes Jesu* sq. »

Je ne veux pas insister sur ce genre de réfutation. Bornons-nous à examiner sans parti pris les morceaux qui, d'après M. Sogliano, renferment une satire déguisée des dogmes et du culte chrétiens. L'épisode final du *Satiricon*, où est exposée la clause si singulière du testament d'Eumolpe par laquelle serait parodiée la Cène, présente, malgré les trous et les lacunes du texte, un sens très clair. Le genre d'ironie employé ici par Pétrone se laisse aisément saisir. La plaisanterie est poussée jusqu'à la fantaisie outrée et, on peut dire, macabre. Ces captateurs d'héritages, naguère comparés par métaphore à des corbeaux qui déchirent un cadavre, *corvi qui lacerant* (chap. 115), vont se voir en réalité obligés de man-

ger le corps du testateur pour jouir de ses richesses.
Le vieux poète mystificateur s'amuse à leurs dépens
comme cette vieille de Sparte dont parle Horace
(*Satires*, II, 5, v. 84 sq.), qui impose à son héritier
l'obligation de porter sur ses épaules son cadavre
frotté d'huile. Cette condition, pour être moins ré-
pugnante que celle d'Eumolpe, est également funèbre.

L'ironie de celui-ci va vraiment jusqu'à la féro-
cité. Il exhorte Gorgias, un des héritiers, à fermer
les yeux quand il lui faudra s'exécuter et à se figurer qu'il avale, non pas de la chair humaine, mais
un million de sesterces. On pourra au reste assaisonner le mets de façon à le faire accepter par l'esto-
mac. Et l'érudition vient à l'appui de ces encoura-
gements goguenards. Ne cite-t-on pas d'illustres
exemples d'anthropophagie? Les Sagontins assiégés
par Hannibal se sont nourris de chair humaine, et
pourtant ils n'attend   at pas un héritage! De même
les Pétiliens. Dans Numance réduite aux abois par
Scipion, des mères ont dévoré leurs enfants. Il est
encore des nations où l'usage de manger les morts
se conserve, consacré par une loi formelle; à telles
enseignes qu'on y voit souvent gourmander les ma-
lades parce que la chair qu'ils laisseront sera de
mauvaise qualité. C'est sur ces sinistres farces que
s'arrêtent les fragments qui nous restent du *Satiri-*

con. Sous un air placide et froid, la charge a ici la même violence que chez tel humoriste moderne, chez Swift par exemple. Mais, malgré son outrance, elle se rattache logiquement au sujet que traite Pétrone, à la satire des captateurs de testaments.

Les allusions que contiendrait le conte de la *Matrone d'Éphèse* seraient plus invraisemblables encore. Ce conte est selon toute apparence une milésienne, antérieure par conséquent à l'ère chrétienne. Or, tous les détails que l'on veut y noter comme des allusions ironiques au christianisme font nécessairement partie intégrante du conte primitif, la descente de la veuve au caveau funèbre, en compagnie de sa servante, ainsi que l'enlèvement du corps du supplicié par ses parents. Aucune de ces circonstances n'a pu être ajoutée après coup par Pétrone, à supposer qu'il eût l'intention parodique qu'on lui prête.

De tout ce qui précède, il résulte que le *Satiricon* ignore les chrétiens. Si par hasard Pétrone les a entrevus, il a dû, répétons-le, les confondre avec les Juifs ou avec les adeptes des superstitions orientales et demeurer fort indifférent à leurs dogmes. Ces chrétiens humbles, pauvres et résignés ne pouvaient offrir aucun intérêt au peintre de la corruption savante et du libertinage raffiné, non plus qu'au curieux et sagace observateur de la plèbe romaine, dont il a si bien su représenter les burlesques travers et reproduire le babillage pittoresque. Ne cherchons aucun point de contact, même celui du dédain et de l'ironie, entre le *Satiricon* et le christianisme. Visiblement, ce roman d'une immoralité si sereine et si dégagée n'est pas, pour me servir d'une expression de Chateaubriand, « de ce côté-ci de la Croix ».

Pour en revenir à *Quo Vadis*, quand M. H. Sienckiewicz nous montre son Pétrone s'entretenant avec Paul de Tarse et discutant la religion chrétienne [1], il use du droit concédé à tout romancier de modifier les traits d'un caractère et de le développer à son gré ; mais mon sentiment est qu'en ceci il ne s'est pas conformé à la vraisemblance historique.

Cet esthète au cœur compatissant, qui ouvre l'oreille à l'éloquence de saint Paul, qui a de longs entretiens avec l'Apôtre, qui semble pressentir que l'avenir est au christianisme, ne répond que bien imparfaitement à l'idée que l'on se fait, d'après son œuvre, de l'auteur du *Satiricon*.

Je ne parlerai pas du drame que M. Emile Moreau a tiré pour la Porte-Saint-Martin du roman de M. Sienckiewicz, puisqu'il n'ajoute rien à la peinture du caractère de Pétrone. Ce fut surtout un prétexte à une somptueuse mise en scène.

---

1. P. 627 sq., de la traduction de 1900.

Plus récemment, en une pièce intitulée : *Un soir des Saturnales*, fresque romaine en deux tableaux (I. *L'atrium de Perse*, II. *La mort de Pétrone*, Paris, Ollendorff, 1901), MM. Aimé Giron et Albert Tozza ont également essayé de porter au théâtre l'auteur du *Satiricon*. Leur préface, intitulée : *Pour Pétrone*, oppose le Pétrone qu'ils ont conçu, raffiné, délicat, mourant à l'âge de vingt-huit ans avec un amour nouveau et chaste au cœur, au Pétrone de *Quo Vadis*, quadragénaire ou quinquagénaire, insolent et pusillanime à la fois, égoïste et rhumatisant, finissant par un amour ancillaire.

Si louable qu'ait pu être le dessein des deux auteurs, on est forcé, après les avoir lus, d'avouer que l'exécution laisse beaucoup à désirer. Ce drame, en alexandrins qui rappellent la facture de Ponsard, présente peu d'intérêt. De plus, la couleur en est généralement fausse. On n'y trouve trop souvent qu'une antiquité factice et romantisée.

Dans son charmant recueil de contes héroï-comiques, *D'Ulysse à Panurge* (Paris, Hachette, 1902), M. Émile Gebhart en a placé un qu'il intitule : *Le Roi Trimalchion*. Le grotesque affranchi dont le *Satiricon* a tracé l'inoubliable caricature se trouve ici mêlé à des événements tragiques ; il est témoin de l'assassinat d'Agrippine, de la mort de Néron. Très vraisemblablement, l'idée de donner une sorte de pendant, bien qu'en raccourci, au roman de *Quo Vadis*, a guidé le spirituel écrivain. Mais je suis un peu surpris du rôle joué par ce ridicule Trimalchion et j'ai quelque peine à m'expliquer l'amitié que lui témoigne Pétrone. Cette légère réserve faite, on ne peut que louer le brillant coloris des descriptions, ainsi que l'agrément et la vivacité dramatique du récit.

Concluons par cette constatation que Pétrone, pour sa réputation dans le monde, doit plus au *Quo Vadis* de M. Sienckiewicz qu'au long labeur des érudits et des lettrés. Tandis que ceux-ci s'efforçaient de dégager du fouillis des hypothèses sa curieuse et obscure personnalité, le romancier l'a fait surgir en chair et en os, beau, noble, spirituel, très distingué, très sympathique. Et aussitôt on s'est intéressé à Pétrone et par contre-coup à son œuvre. Restait-il quelque chance de découvrir les livres perdus du *Satiricon*? Si l'on en croit Gaspard Schopp[1] et Leone Allaci[2], au xviie siècle, un érudit[3] consulta le démon pour savoir si le *Satiricon* existait quelque part intact. Malheureusement, nous ne connaissons pas la réponse. — A défaut du dia-

---

1. *Amphotides*, p. 116.
2. *De patria Homeri*.
3. Baudius, selon Schopp.

ble, un reporter nous annonça, il y a quelques années, que les Russes avaient trouvé à Moukden, lors
de l'occupation de la Mandchourie, un Pétrone complet. Jamais, sans *Quo Vadis*, un journal n'aurait
donné la volée à ce canard. C'est encore au sensa-
tionnel roman qu'est due la découverte singulière
du tombeau de Pétrone, à Rieti, sur la voie *Salaria*.
Il eût été mieux encore de le découvrir à Moukden,
avec le manuscrit.

Ces pétards archéologiques se sont éteints sans
laisser de fumée. Il reste que Pétrone, grâce à
M. Sienckiewicz, a été pendant quelques années
à la mode et presque populaire, en notre pays particulièrement. Cette vogue, sans doute momentanée,
marque une phase, qu'il importait de noter, de la
destinée de Pétrone en France.

CONCLUSION

Nous avons parcouru les principales étapes de la réputation de Pétrone en notre pays et recueilli les jugements les plus caractéristiques énoncés sur lui depuis l'antiquité jusqu'à nos jours. Combien éclate ici la diversité des opinions humaines ! Est-il en effet rien de plus varié et parfois de plus contradictoire que les hypothèses émises sur la personne, sur l'époque de l'auteur, que les appréciations formulées sur l'étendue, le mérite, la nature, la moralité même de son œuvre ? Il n'est pas là-dessus d'avis si hasardé et si bizarre qui n'ait eu ses tenants.

Néanmoins, peu à peu, grâce aux progrès de l'esprit et de la méthode critiques, nous avons vu tomber les thèses trop évidemment fantaisistes, les interprétations ou trop naïves ou trop ingénieuses. La question de Pétrone, encore bien complexe à l'heure présente, s'est dépouillée de toute une végétation d'erreurs et de quiproquos traditionnels.

Ainsi, la nature du *Satiricon* n'est plus aujourd'hui contestée. Ce n'est une satire ni contre Claude, ni contre Néron [1] ; c'est, avec des parties de satire telles

---

1. Ce n'est qu'exceptionnellement, et d'ailleurs sans succès, que de nos jours ce genre d'interprétation est encore proposé. Ainsi.

qu'en comporte une libre et mordante peinture de
mœurs contemporaines, avec aussi des parties réalistes, avant tout un roman d'aventures et purement
romanesque, écrit dans le cadre de la *Ménippée*. On
y retrouve le caractère érotique et périégétique du
roman grec, dont le *Satiricon* se différencie cependant essentiellement, en ce sens qu'il semble plutôt
une parodie des fictions de ce genre et que le ton en
est enjoué, léger et fréquemment railleur. L'œuvre
est toute pénétrée de l'ironie d'un sceptique plein
d'esprit qui s'amuse de ses propres inventions [1].

d'après M. Rich. Fisch, Trimalchion serait une caricature de Galba.
(*Terracina-Anxur und Kaiser Galba im Romane des Petronius Arbiter*. Berlin, 1898). L'hypothèse est inadmissible.

1. Il n'entre nullement dans mon plan d'étudier ici les questions qui ont été soulevées au sujet des rapports qui peuvent exister entre le roman grec et le *Satiricon*.

Les uns ont vu dans l'œuvre de Pétrone une parodie des romans grecs, d'autres, une parodie de l'épopée, dont le *leitmotiv*
est la colère de Priape, comme celui de l'*Odyssée* est la colère de
Poseidon. — Cette dernière hypothèse, où entre une large part de
vérité, émise par M. Élimar Klebs (*Zur Composition von Petronius
Satiræ*, Philolog. 17 (1889), p. 623, a été très ingénieusement reprise et développée par M. J. Le Coultre dans ses *Notes sur Pétrone*, Mélanges Boissier (Fontemoing, 1903, p. 325-339). Il voit, dans
l'intervention de Priape, une parodie de l'intervention des dieux
dans la vie des héros épiques et conclut que, si les *Satiræ* sont
peut-être une parodie de romans grecs perdus, en tout cas, c'est
directement ou indirectement un persiflage de l'habitude qu'ont les
poètes de faire de la divinité la cause première de tous les événements.

Voir aussi l'article de M. Richard Heinze : *Petron und der griechische Roman* (Hermes, vol. XXXIV, 1899), p. 494 sq. et le chapitre de M. E. Thomas (*op. cit.* p. 204), *Pétrone et le roman grec*.

Cette ironie, où l'on croit voir entrer un peu de dédain aristocratique, est un argument invoqué en faveur de l'attribution du *Satiricon* au consul Pétrone dont nous entretient Tacite. D'autres raisons encore paraissent venir à l'appui de cette identification, tirées du nom, ainsi que des mœurs, des usages, de la langue, qui concordent avec l'époque néronienne.

Les vraisemblances sont assez grandes ; mais, sur ce point, les affirmations absolues seraient téméraires et le doute subsiste.

Sur quoi on est tombé d'accord, c'est sur l'originalité et le très rare mérite de l'écrivain, comme on l'était depuis longtemps sur l'immoralité de l'œuvre.

Il faut répéter que là surtout a été l'écueil de sa renommée [1]. Un roman où l'amour contre nature joue un tel rôle et s'étale si paisiblement était condamné à rester dans une demi-obscurité. A part quelques parties populaires, comme la *Matrone d'Éphèse,* quelques tirades d'une doctrine très classique sur la décadence de la poésie et de l'éloquence,

---

1. « Malgré ces belles qualités, la lecture de Pétrone sera toujours dangereuse, à moins qu'armé d'une solide vertu, on ne le lise comme une satyre fine et ingénieuse, où l'auteur ne décrit les vices que pour les rendre odieux. Encore y aurait-il à craindre du côté de ses expressions trop vives et trop frappantes contre la pudeur ». *Histoire littéraire de la France* par les Bénédictins, t. I, p. 196.

ou quelques pièces de vers dont la plus longue est le poème de la *Guerre civile*, le *Satiricon*, pendant longtemps, n'est guère sorti du cercle des érudits et des humanistes, sauf toutefois au XVIIe siècle, où la société mondaine l'a lu et goûté. La licence de l'œuvre l'a tenue à l'écart de l'enseignement. Pétrequin[1] a pris la peine de dresser la liste des recueils composés pour les classes au XVIIe et au XVIIIe siècles d'où elle est exclue. Il eût été plus court de signaler ceux où quelques passages choisis du *Satiricon* ont été introduits.

Même les admirateurs que de tout temps Pétrone a rencontrés en France ont rarement déclaré et professé son culte, craignant qu'il ne parût à certains inalliable avec des mœurs pures. Toutefois, à cet égard aussi, l'opinion a insensiblement évolué, ainsi que nous l'avons indiqué déjà au commencement de cet essai. Sans passer condamnation sur l'obscénité de beaucoup de pages, on a constaté qu'il y a dans le *Satiricon* des parties étendues que ne gâte aucune impureté et où on peut, sans scrupule, se laisser entraîner par la verve humoristique de cet esprit si séduisant. On a reconnu que, même dans les parties où la morale ne trouve nullement son compte, le talent exquis du narrateur sait souvent, par la dis-

---

1. *Op. cit.*, p. 143.

crétion de termes heureusement choisis, voiler la crudité des tableaux. D'autre part, les érudits ont mis de plus en plus en lumière le grand intérêt que présentent pour l'étude des mœurs romaines de la décadence les peintures de cet observateur narquois et perspicace [1]. Finalement, on a cessé de lui contester la place qui lui est due parmi les écrivains les plus originaux de Rome, non loin d'Horace, auquel l'apparentent de réelles affinités.

Quant à son influence littéraire, si elle ne s'est pas manifestée en France d'une manière très directe, pour les raisons que j'ai dites, elle ne s'en est pas moins fait sentir chez un certain nombre de nos auteurs. Au XVIIe siècle surtout, Pétrone a contribué à donner à notre littérature galante un cachet d'élégance et de politesse.

Nos conteurs ont retrouvé chez lui quelques-unes de nos plus précieuses qualités, la finesse de l'observation et la précision parfois toute réaliste du rendu, le tour alerte et humoristique du récit, le pittoresque de l'expression, la piquante vivacité et la variété du style. Volontiers même, en raison des traits de ressemblance de son esprit avec l'esprit français,

---

1. Rappelons aussi que la conversation des affranchis fournit aux philologues un texte des plus précieux pour l'étude du *sermo plebeius* et que les folkloristes trouvent dans le *Satiricon* de curieuses traces des vieilles superstitions populaires.

notre histoire littéraire se l'annexerait. Au surplus, les bénédictins ne l'ont-ils pas revendiqué comme nôtre [1], en se fondant sur des vers assez énigmatiques de Sidoine Apollinaire ? Ce n'est qu'une hypothèse, mais bien tentante, ainsi que l'écrivait naguère l'auteur d'une traduction anglaise du *Festin de Trimalchion*, publiée à New-York [2]. Elle ferait de Pétrone le compatriote, comme il est l'ancêtre, de nos maîtres en l'art du conte et de la nouvelle, de Mérimée, de Flaubert, de Guy de Maupassant et d'Anatole France [3].

---

1. *Histoire littéraire de la France*, t. I. 1re partie.

2. *C. Petronii Arbitri Cena Trimalchionis*, anglice reddidit et proœmio cum appendice bibliographica instruxit Henricus Thurston Peck. Novi Eboraci, sumptibus et typis Dodd-Mead et soc. 1898.

3. If Petronius was a Roman by race, a Roman as Cicero and Tacitus were Roman, it is strange indeed that he had no predecessors and no true successor, but that to seek a fitting parallel for his strangely brilliant fiction we must pass over the intervening centuries and find it only in our own century and in the literary art of modern France. (Peck. *Introduction*, p. 61.)

APPENDICE I

———

L'ÉQUIVOQUE

Meibomius était un savant homme,
Nourri d'hébreu, de latin et de grec.
Vers mil sept cent il vivait à Lubeck.
Un voyageur, qui revenait de Rome,
Se présenta chez l'illustre érudit
Et lui laissa son *album* manuscrit.
Meibomius, ayant mis ses lunettes,
Y lut, relut ces paroles bien nettes :
Petronius exstat Bononiæ :
Hic integer servatur hodie :
Quem vidisse testor [1]. — « Quelle aventure !
« Quel réconfort pour la littérature !
« Pétrone entier ! à Bologne... ô destin !
« A commenter quelle riche matière !
« Eh ! quel plaisir de le mettre en lumière !
« De l'illustrer de notes en latin !
« Partons ; partons. » — Il se met en campagne ;
En peu de jours traverse l'Allemagne
Du nord au sud, puis dans l'État romain
Arrive et va, son *album* à la main,

———

1. « Pétrone se trouve à Bologne ; on l'y conserve précieusement
tout entier, j'atteste que je l'ai vu. »

Dont il avait exprès marqué la page,
Chez un certain Bolonais, son ami,
Un médecin, le docteur Capponi.
Il lui fait voir l'intéressant passage :
« Vous comprenez pourquoi je viens ici ;
« Un pareil fait vaut bien d'être éclairci ;
« Je n'ai voulu m'en fier à personne.
« Mon cher docteur, est-il vrai qu'en effet
« Vous possédiez à Bologne un Pétrone ?
« Serait-ce point un conte qu'on m'a fait ? —
« Un conte ? Non. — Vous l'auriez ? — Chose
« Pétrone entier ? — Mais, je le conjecture, [sûre. —
« On le prétend. — Seriez-vous en pouvoir,
« Mon digne ami, de me le faire voir ? —
« Assurément ; cela se pourra faire. —
« Mais quand, docteur ? Mon juste empressement, .
« Sans nul retard, voudrait se satisfaire ;
« Qui tôt oblige, oblige doublement. —
« — De tout mon cœur : tous deux, si bon vous sem-
« A l'instant même, allons le voir ensemble. » [ble,
Le bon docteur conduit notre Allemand
Sur la grand'place, et de la cathédrale
Lui fait gagner la porte latérale.
« Entrons ici ; nous verrons aisément... »
Meibomius, non sans quelque surprise :
« C'est par respect, dit-il, apparemment
« Que vous gardez, ici, dans une église,
« Ce précieux, ce rare monument ?
« — On a fait plus ; on l'a mis récemment
« Dans une châsse, en perles enrichie,
« De haut en bas dorée et reblanchie.

« — Dans une châsse ? On va donc nous l'ouvrir,
« Pour voir Pétrone, et pour le parcourir ?
« Je le tiendrai, cet unique exemplaire !
« De mon bonheur quand serai-je certain ?
« — Tout de ce pas, je vais, pour vous complaire,
« Mon cher ami, chercher le sacristain...
« — Le sacristain ? Le bibliothécaire,
« Voulez-vous dire ? — Eh ! non ; à quel propos ?
« — Mais c'est un livre. — Eh ! non, ce sont des os,
« Le corps entier du patron de Bologne,
« De saint Pétrone, évêque en son vivant...
« — Fi donc ! docteur, s'écria le savant,
« J'ai grand besoin de voir cette charogne !
« J'ai cru trouver cet auteur élégant,
« Fin satirique, et maître en beau langage !
« Mais votre évêque ! — Un saint ! — Un ignorant !...
« Il ne vaut pas les frais de mon voyage. »

ANDRIEUX.

APPENDICE II

OBSERVATIONS SUR LA TRADUCTION DE PÉTRONE
PAR M. LAURENT TAILHADE [1].

M. Laurent Tailhade a fait paraître en 1902 chez Fasquelle, dans la *Bibliothèque Charpentier*, une traduction de Pétrone annoncée depuis un certain temps déjà. Translater le *Satiricon* du latin en français, ce fut aussi le rêve de Baudelaire, mais il ne le réalisa pas.

Il m'a semblé intéressant de rechercher dans quelle mesure le travail de M. Tailhade est conforme aux règles classiques d'une bonne traduction et mérite les éloges que lui ont décernés divers critiques, tels que M. de Boisjolin, dans la préface du livre, M. Becker dans le *Petit Bleu*, et M. F. Hérold dans le *Mercure de France*. J'ai donc lu attentivement la version nouvelle, en la confrontant avec l'original, et c'est le résumé de mes observations que je voudrais

---

1. Voir aussi l'étude de M. G. May (*Revue des études anciennes*, octobre-novembre 1903), où il s'est surtout attaché à discuter la méth de suivie par M. Tailhade pour la traduction des termes de la langue juridique dans le *Satiricon*.

présenter brièvement, en me bornant, pour chaque ordre de remarques, à quelques exemples choisis parmi beaucoup. J'examinerai successivement ce qui a rapport à l'exactitude, puis au style de la traduction, et ferai d'abord la part de la critique.

1° *Exactitude de la traduction.*

Le premier devoir d'un traducteur est de se procurer le meilleur texte possible de l'écrivain dont il veut être l'interprète. Or, tout porte à croire que M. Tailhade n'a pas eu entre les mains l'édition si indispensable de Buecheler et s'est contenté du texte latin de l'édition Panckoucke, qu'accompagne la traduction d'Héguin de Guerle. En tout cas, s'il s'est servi de Buecheler, on comprend mal pourquoi il a si pieusement respecté les mauvaises leçons du texte Panckoucke.

Exemples :

P. 31, ch. 14, il lit : *contiones* au lieu de : *coctiones*. — « La populace conglomérée par nos abois », au lieu de : « les courtiers accourus aux cris ».

P. 59, ch. 32 : cervicalia *minutissima*, « de très petits coussins », au lieu de : *munitissima* (Buecheler), « des coussins très rembourrés ».

P. 60, ch. 33 : Dum ille omnium *calculorum* agmen inter lusum consumit, « tandis qu'il raflait en se jouant tous les pions de son adversaire », au lieu de : dum ille omnium *textorum dicta* inter lusum consumit (Buecheler), « tandis qu'il débite, eu jouant, tout un répertoire de basses plaisanteries ».

P. 64, ch. 35 : De *laserpiciario vino* canticum extorsit, « exaltait les mérites de la sauce au vin et au benjoin », au lieu de : *Laserpiciario mimo* (Buecheler), « chanta eu l'estropiant un *canticum* du mime du *Marchand de silphium* ».

P. 76, ch. 41 : Sic *nondum* frigus habuimus nec me balneus calfecit, « ainsi l'on n'a pas le temps de refroidir, ni besoin d'étuve pour se réchauffer », au lieu de : et *mundum* frigus habuimus. Vix me balneus calfecit (Buecheler), « nous avons eu un joli froid. J'ai pu à peine me réchauffer au bain ».

P. 77, ch. 42 : Sed antiquus amor *carcer* est, « pour elles, un vieil amour est le plus sinistre des cachots », au lieu de : *cancer* est (Buecheler), « un vieil amour est un chancre (qui nous ronge) ».

P. 82, ch. 44. Texte de l'édition Panckoucke, très altéré : Itaque statim urceatim pluebat, et omnes *ridebant :* sic tunc, nunc nunquam ; nam *ubi* tanquam mures, ita dii pedes lanatos habent. « Aussitôt il pleuvait à verse et le monde souriait. Ainsi faisaient nos pères, mais nous, hélas ! nous incaguons les dieux. Oubliés dans leurs temples à la façon des rats, ils ont les pieds en laine », au lieu de : Itaque statim urceatim plovebat : aut tunc aut nunquam : et omnes *redibant* udi tanquam mures (Buecheler) : « Aussitôt il pleuvait à seaux : alors ou jamais, et tous rentraient trempés comme des rats. »

P. 99, ch. 53 : petauristarios et *coturnices,* « les acrobates et les cailles de combat », au lieu de : *cornicines* (Buecheler), « les sonneurs de cor ».

P. 139, ch. 73 : *Et ne sic quidem putidissimam ejus eructationem licuit effugere*, « pas moyen d'esquiver la puanteur abominable de ses rots », au lieu de : putidissimam ejus *jactationem* (Buecheler), « ses insupportables hâbleries ».

P. 156, ch. 89 : *Aquila ferebat sublimis deum*, « ici l'aigle emportait, sublime, un dieu parmi l'azur », au lieu de : *Idœum* (Buecheler), « le Phrygien (Ganymède) ».

On peut conclure de ces quelques citations que le choix des leçons données par les divers textes n'a pas suffisamment préoccupé M. Laurent Tailhade.

Outre les erreurs de sens dont la source est un texte défectueux, on en retrouve d'autres et en assez grand nombre dans cette traduction : faux sens, inexactitudes, impropriétés, intentions et nuances insuffisamment saisies ou rendues. Donnons quelques exemples :

P. 8, ch. 7. Delectata est illa urbanitate tam stulta, est ainsi traduit : Délectée par ma niaiserie et mon urbanité.

Or, *urbanitas* signifie ici : plaisanterie, et non : urbanité.

P. 90, ch. 46 (47, Buecheler). Sed Trimalchio, exspectatione discussa... est traduit : Mais Trimalchio, discutant notre expectative...

Le sens est : mettant fin à notre attente.

P. 91, ch. 48 (Buecheler). Et nescio quam controversiam exposuit : et d'exposer je ne sais quelle théorie.

C'est *controverse* qui était le terme indispensable.

P. 49, ch. 26. ... Liberæ cenæ : repas de manumission. Ce n'a jamais été le sens de *liber*.

P. 158, ch. 132. ... *Et qui offenderunt saepe digitos
quidquid doloris habent in pedes deferunt* : ceux-là mêmes
qui se blessent aux doigts d'une main transfèrent à leurs
pieds la douleur qu'ils éprouvent.

Ceci semble bien extraordinaire. M. L. Tailhade
n'a pas vu que *digitos* signifie aussi : doigts de pied.
Le sens est plus simple et plus logique :

« Et ceux qui se blessent aux doigts du pied font
retomber sur leur pied lui-même leur ressentiment
(et non pas : leur douleur) ».

Je m'étonne qu'en d'autres endroits M. L. Tailhade, qui veut nous donner tout autre chose qu'un
Pétrone expurgé, n'ait pas démêlé un sens obscène.
C'est le cas du mot : *dividere,* dans la phrase du
ch. 11, p. 14 : *sic dividere cum fratre nolito. Dividere* présente ici un jeu de mots malpropre. Il n'a
pas seulement le sens de séparer (comme au ch. 80,
p. 152, dans le passage où l'on a voulu voir une
parodie du jugement de Salomon)[1], mais encore
celui de *pædicare.*

Ailleurs encore, le sel de la plaisanterie de Pétrone
s'évapore dans la traduction de M. Tailhade. Il
rend ainsi cette remarque de Trimalchion décrivant
les bas-reliefs d'une coupe, ch. 52, p. 96 : « Les

---

1. Cf. R. Engelmann. *Ein Neues Urteil Salomons.* (Hermes, Berlin. 1904).

enfants morts gisent de telle sorte que tu les croirais véritables. » L'ânerie du grotesque amphitryon est dans le mot : *vivere*, « les enfants morts gisent de telle sorte qu'on les croirait *vivants* ».

Au chapitre 115, Pétrone nous montre le corps de Lichas naufragé poussé par les flots sur le rivage, et fait disserter Encolpe, à la façon de Sénèque, sur l'incertitude et la vanité des projets des hommes. Cette déclamation se termine par une sorte d'épiphonème : En homo quemadmodum *natat* ! Or, *natare* a un double sens : nager, flotter, au sens propre[1], et au figuré : flotter dans ses résolutions, être indécis. Pétrone joue sur cette double signification, et on pourrait traduire à peu près ainsi ce trait ironique : « Pauvres humains ! quels êtres flottants vous faites ! » ou, en employant un synonyme : « Pauvre humanité ! quel plongeon ! »

En tout cas, il est insuffisant de traduire comme le fait M. L. Tailhade : « Voilà comment surnage l'infortuné ! ».

2' *Style de la traduction.*

Cependant, à tout prendre, ce qui constitue la plus grave infidélité de cette traduction, ce ne sont

---

1. Cf. Plaute. *Rudens*, III, v. 71-72.
   Dæmones : Hui ! homunculi, quanti estis ! ejecti ut natant.

pas quelques inexactitudes de sens et quelques à peu près qui s'y trouvent, c'est le système même adopté par M. L. Taillade d'employer, là où rien ne les justifie, ou l'argot ou un vocabulaire archaïque. Sans doute, dans son *Avis prémonitoire*, il nous prévient qu'il a voulu nous donner, « libre de tous voiles et purifiée du badigeon académique, la ménippée ardente, la ropographie ingénieuse de Titus Petronius Arbiter » (p. xxx), « qu'il a cru expédient de faire à l'argot moderne les plus larges emprunts, qui, seul, renferme des équivalents topiques aux entretiens des voyous » mis en scène (p. xxviii). Et, pour notre part, nous lui reconnaissons très volontiers le droit de traduire sans périphrase la crudité des termes latins, quand elle se rencontre, et de nous donner, en puisant au besoin dans l'argot, un équivalent pittoresque du *sermo plebeius* que Pétrone s'est amusé à reproduire dans la conversation des affranchis, au festin de Trimalchion.

Mais, si l'argot est alors à sa place, sous certaines réserves qu'il conviendra de faire, ailleurs il détonne absolument. C'est quand il apparaît dans les parties du récit qui, chez Pétrone, sont d'un style élégant, aisé et soutenu, d'une ironie légère et fine. Introduire là des expressions basses et triviales, c'est travestir l'auteur, ce n'est plus le traduire.

Je ne saurais approuver davantage les emprunts

trop fréquents faits à la langue de nos conteurs du
XVI° siècle, de Rabelais en particulier. Ils donnent
à la traduction une teinte d'archaïsme qui ne répond
en rien à cette latinité si piquante, si variée, si classique encore, malgré son modernisme, du *Satiricon*.
Nul auteur n'est moins empreint d'archaïsme. C'est
un Fronton, un Aulu-Gelle, un Apulée encore qu'on
aurait pu traduire en puisant dans le vocabulaire du
XV° et du XVI° siècle.

L'usage indiscret de l'argot et des mots crus constitue parfois une véritable trahison à l'égard de Pétrone. On dirait que M. L. Tailhade prend plaisir à
appuyer, là où chez son auteur il n'y a qu'une simple
indication, et à substituer un terme grossier à une
expression voilée ou à un sous-entendu. Sur un des-
sin au trait délicat il se plaît trop souvent à plaquer
des couleurs criardes.

Ainsi, la suivante Chrysis (ch. 126) répond aux galanteries d'Encolpe, déguisé en esclave : Ego, etiam si ancilla
sum, nunquam..... nisi in equestribus sedeo ! « Toute servante que je suis, je ne m'assieds (au théâtre, cf. *ibid.*, *ab
orchestra*) que sur les bancs des chevaliers. »
Tout l'esprit de cette réplique s'évanouit chez le traducteur dans une trivialité obscène [1]; cf. p. 242.

---

1. Il est vrai que ce sens obscène, *sedeo* l'a quelquefois. Voir les
exemples dans Pierrugue (*Glossarium eroticum linguae latinae*.
Paris, Dondey-Dupré, 1826). Mais Pétrone s'est servi à dessein d'un
mot qui peut prêter à deux interprétations.

On peut voir encore, p. 155, comment M. Tailhade traduit ces mots (ch. 81) : *adulescens..... cujus anni ad tesseram venerunt.*

Ch. 100, on lit : *Ergo me derisit,* « donc il s'est ri de moi ». Ce qui devient chez M. Tailhade, p. 192 : « Donc il s'est f..... de moi. »

Circé, demandant à Encolpe la cause de son inexplicable froideur, s'écrie (ch. 128) : « Suis-je laide ? Ai-je l'haleine mauvaise ? » *Numquid alarum negligens sudor ?* — Ce dernier trait est déjà suffisamment réaliste. Il faut que le traducteur enchérisse encore (p. 146) : « Est-ce que, négligeant mes aisselles, je pue, avec la sueur, des pieds ou du gousset ? »

Quel besoin de rendre : *saxis,* des pierres (ch. 90) par : des pruneaux de rivière ; *multo me turpior es* (ch. 10) par : tu es cent fois plus cochon que moi ; *magna vociferatione* (ch. 14) par : se met à piailler comme pourceau qu'on égorge ; *errare* (ch. 26) par : vadrouiller ; *laticulosus* (ch. 57) par : petite arsouille mal torchée ; *habebo convicium* (ch. 64) par : j'aurai une engueulade ; *puer Alexandrinus* (ch. 68) par : un petit voyou Alexandrin ; *puella* (ch. 25) par : une môme ; *subduxisti te* (ch. 10) par : pourquoi t'esbigner ?

N'y a-t-il pas là de très fâcheuses surcharges? Que M. Tailhade prenne de telles libertés avec le style si pauvre du plat et maladroit interpolateur de Pétrone que fut Nodot, j'en suis beaucoup moins choqué. Et encore aurait-il agi sagement, malgré les raisons qu'il allègue dans son *Avis prémonitoire,* en supprimant ces piteuses additions de Nodot, que les autres traducteurs français ont conservées. Il aurait ainsi rompu heureusement avec une tradition ridicule.

Examinons d'abord quelques-uns des termes que M. Laurent Tailhade a cru devoir puiser dans la langue de nos vieux conteurs, de Rabelais, de Bonaventure des Périers, de Béroalde de Verville, et qui se retrouvent en assez grand nombre dans les *Contes drolatiques* de Balzac.

Je suis encore à me demander quel avantage il peut y avoir à traduire :

Ch. 1 : *vulnera* par : navrures, au lieu de : blessures.

Ch. 4 : *juvenes* par : les juveigneurs, au lieu de : les jeunes gens.

Ch. 18 : *adjuvaturos nos* par : nous adjuverons, au lieu de : nous seconderons

Ibid. : *turpe* par : turpide, au lieu de : honteux.

Ch. 22 : *lucernæ umore defectæ* par : les lampes exhaustes de liquide, au lieu de : vides d'huile.

Ch. 25 : *verecundissimum puerum* par : gamin des plus vérécondieux.

Ch. 29 : *cave canem* par : Cavez au chien ! ·

Ibid. : *ad sinistram* par : à senestre.

Ch. 32 : *et ne has tantum ostenderet divitias* par : pour ostenter d'autres richesses.

Ch. 36 : *leporemque... pinnis subornatum* par : un conil empenné.

La même question se pose pour maint autre mot : *guerdonner, idoine, portentueuses, je splendis, tristi-*

monie, soève, inhiber, coïnquiner, vulgivague, sancti-
monial, admirabunde, impropérer, etc., etc., qui se
comprendraient seulement, je le répète, s'il y avait
chez Pétrone quelque affectation d'archaïsme.

Si, d'autre part, dans certaines parties d'un caractère tout réaliste, notamment dans la conversation
des affranchis, le traducteur a pu très légitimement
puiser dans l'argot les mots qui lui convenaient, on
peut cependant lui reprocher de n'avoir pas, même
là, fait toujours un choix assez justifié.

Telle expression d'un modernisme très accusé
forme avec l'expression latine un contraste qui peut
paraître amusant, mais qui donne à la traduction un
air de parodie. P. 11, un personnage dit : *Ferme ça,
as-tu fini ?* (*non taces ?*) ; un autre, p. 81 : *Il fait la
bombe en son particulier* (*domi gaudet*).

On parle de *frusques*, de *pépettes*, de *galéjade*, de
mayot. La loge de l'*ostiarius* devient la loge du
suisse (p. 54). On s'avachit sur un *pouf* (p. 111) [*in
pulvino consedit*]. On fait du *boucan* (p. 119), on
palabre (p. 101) [*garrimus*]. Le *principium cenæ* se
transforme en *apéritif* (p. 51), *cultrum* (p. 104), en
un *eustache*.

Évidemment, le traducteur sait que les petits cou-
teaux appelés eustaches tirent leur nom d'Eustache
Dubois, coutelier à Saint-Étienne. Il sait aussi que
Dariolette est un personnage de l'*Amadis de Gaule*,

ce qui ne l'empêche pas d'écrire (p. 34) : « Je suis la Dariolette » ; mais de telles fantaisies ne sont pas à leur place dans une traduction qui a la prétention d'être « un calque fidèle ».

Voici encore quelques critiques portant sur des points secondaires. Était-il utile d'emprunter à Leconte de Lisle ce système qui consiste à reproduire dans la traduction française un mot grec ou latin sous sa forme grecque ou latine ? Je continue pour ma part à être choqué par des phrases de ce genre : « immigra de l'*Asia* dans *Athenae* » (p. 3). En eût-il tant coûté de se servir de termes aussi courants que l'*Asie* et *Athènes* ? Même observation à faire pour les *Cælitès*, *Jovis* (p. 82), deux *Æthiops* (au moins faudrait-il *Æthiopes*) [p. 62], etc., etc.

On s'étonne aussi que M. L. Tailhade ait purement et simplement supprimé le poème *De bello civili*, qui méritait cependant les honneurs de la traduction.

Telles sont les principales remarques critiques que m'a suggérées la lecture du *Satiricon* translaté en français par M. Laurent Tailhade. Mais cette traduction a aussi de grandes qualités, que je me reprocherais de ne pas signaler. Nulle part les narrations et descriptions réalistes, non plus que la conversation des affranchis, n'ont été traduites avec plus de verve, de vigueur et de relief. C'est d'une façon souvent heureuse que l'argot et la langue verte ont été mis à contribution. Voyez, entre autres, par quels équivalents bien appropriés sont rendues les tirades de Séleucus, de Philéros, d'Échion : *Tam bonus Chrysanthus animam ebulliit... sq.* (ch. 42) : « Un brave type, un ami, Chrysanthus, a tourné de l'œil... sq. ». *Et paratus fuit quadrantem de stercore mordicus tollere* (ch. 43) : « Il aurait mordu à même un étron pour y chercher de la monnaie. » *Sed subol-facio quod nobis epulum daturus est Mammea.....* « Mais, par avance, je subodore le gueuleton que Mamméa veut nous donner, etc. » Je pourrais citer bien d'autres passages traduits en une langue d'une vulgarité savoureuse qui est tout à fait celle qui convient au sujet.

J'ajouterai qu'il y a d'autres parties du *Satiricon* où M. Tailhade, sans recourir à l'argot moderne, a su rendre le texte latin en un style gaillard et alerte. Un des morceaux les plus agréables de sa traduction est le conte de la *Matrone d'Éphèse*. En divers passages aussi, mais trop rares à mon gré, il s'est avisé de l'élégance et même de la préciosité pétronienne et s'est efforcé, pour la rendre, d'épurer son vocabulaire et d'écrire en un style plus soutenu. On notera en particulier cette préoccupation dans la description de la tempête (p. 220 sq.). Et puis, les réserves que j'ai dû faire ne m'empêcheront pas de dire en finissant que la traduction de M. Tailhade est très divertissante. Son Pétrone est trop fréquemment transposé, trop bariolé, trop haut en couleurs, trop cru, trop violent d'expression, mais c'est tout de même Pétrone. Ceux qui ne peuvent aborder le *Satiricon* dans le texte en trouveront ici l'image sinon toujours fidèle, au moins pittoresque et vivante. Ils y trouveront aussi, l'auteur l'a expressément voulu, l'impudicité romaine dans tout son scandale. Ce n'est rien moins qu'un Pétrone « pour dames » et un *Satiricon* « vérécondieux ».

TABLE DES MATIÈRES

Nancy, impr. Berger-Levrault et Cⁱᵉ

ERRATA

Page 37, ligne 19, *au lieu de* François, *lire :* Pierre.
Page 94, ligne 10, *au lieu de* catalecta Præmittitur,
lire : catalecta. Præmittitur.

Défauts constatés sur le document original

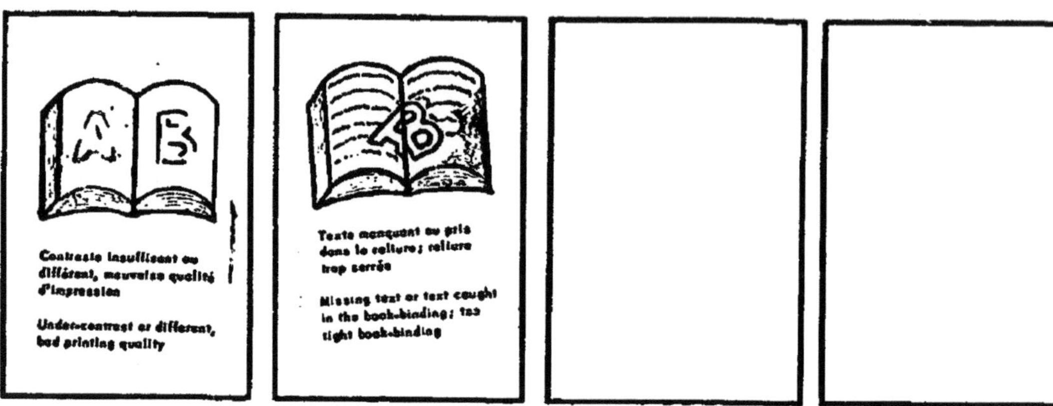

www.ingramcontent.com/pod-product-compliance
Ingram Content Group UK Ltd.
Pitfield, Milton Keynes, MK11 3LW, UK
UKHW022215120726
13694UKWH00002B/568